高等职业教育旅游类专业新形态教材

酒店信息管理系统

Fidelio to Opera

主　编　李　花　桑子华　沈　洁
副主编　刘佑华　黎碧媛　刘海燕
　　　　夏泽军　邓逸伦　肖　吉
参　编　刘懿纬　孙思远　杜启平
　　　　喻爱惠　吉芙蓉

北京理工大学出版社
BEIJING INSTITUTE OF TECHNOLOGY PRESS

内 容 提 要

本书系校企合作开发的新形态教材，遵照"1+X"试点第四批职业教育技能等级标准——前厅运营管理职业技能等级标准，对接世界技能大赛中的酒店接待项目。任务实施部分使用Fidelio软件完成讲解和操作训练，任务对接部分沿用相同任务，实操迁移至Opera系统完成，为读者提供了在酒店前台一线工作所需要的酒店系统的操作技能、知识等内容。本书以"长沙国际汽车博览会"酒店接待服务为主线，分为9个项目，每个项目分为多个工作任务，按酒店前台业务流程顺序依次呈现30个工作任务，内容包括酒店信息管理系统认知、客户资料管理、预订、预订进阶、接待入住、在店服务、收银与结账离店、房务管理与夜审、PMS系统报表操作等。

本书可作为酒店与数字化运营及相关专业教材使用，也可供酒店员工培训及自学者使用。

版权专有　侵权必究

图书在版编目（CIP）数据

酒店信息管理系统 / 李花，桑子华，沈洁主编.--北京：北京理工大学出版社，2022.6（2022.7 重印）
ISBN 978-7-5763-0786-3

Ⅰ．①酒… Ⅱ．①李… ②桑… ③沈… Ⅲ．①饭店—商业企业管理—管理信息系统—教材　Ⅳ．① F719.2-39

中国版本图书馆 CIP 数据核字（2021）第 260993 号

出版发行 / 北京理工大学出版社有限责任公司
社　　址 / 北京市海淀区中关村南大街5号
邮　　编 / 100081
电　　话 /（010）68914775（总编室）
　　　　　（010）82562903（教材售后服务热线）
　　　　　（010）68944723（其他图书服务热线）
网　　址 / http://www.bitpress.com.cn
经　　销 / 全国各地新华书店
印　　刷 / 河北鑫彩博图印刷有限公司
开　　本 / 787毫米×1 092毫米　1/16
印　　张 / 8.5　　　　　　　　　　　　　　　　　　责任编辑 / 阎少华
字　　数 / 203千字　　　　　　　　　　　　　　　　文案编辑 / 阎少华
版　　次 / 2022年6月第1版　2022年7月第2次印刷　　责任校对 / 周瑞红
定　　价 / 49.80元　　　　　　　　　　　　　　　　责任印制 / 边心超

图书出现印装质量问题，请拨打售后服务热线，本社负责调换

前 言

"酒店信息管理系统"是酒店管理与数字化运营专业的核心课程，在专业教学中具有重要地位。本书由长沙职业技术学院与长沙延年酒店管理有限公司校企合作共同开发，遵循"岗课赛证"融通综合育人的理念，在内容选取和编写体例上尝试性地进行了一些改革，积极对接世界技能大赛中"酒店接待"项目内容，遵照"1+X"前厅运营管理职业技能等级标准，融入了旅游业发展的新技术、新工艺、新规范。

本书的主要特色和创新点：

1. 按项目导向、任务驱动的体例结构进行编写。紧扣酒店前厅接待岗位，以工作过程为主线，以工作任务为引领，以职业素质目标为导向融入思政元素，以企业真实的案例为基础，按教学内容编写了9个项目、30个任务，涵盖了新建客户资料、基本预订、预订进阶、接待入住、在店服务、收银与结账离店、房务管理与夜审、报表管理等内容。

2. 知识技能层次分明，内容充实。一是基于院校学生必须熟练掌握的基本知识和技能（Fidelio/Sinfonia系统）；二是扩展知识和技能，以高星级酒店从业人员和世界技能大赛酒店接待项目必须具有的职业素质、知识为目标，以熟练掌握Opera系统作为技能提升标准。

3. 教材内容形式灵活，融合了Fidelio/Sinfonia系统和Opera系统，综合性强，可满足不同层次的教学需要。

4. 线下教材与线上资源相结合。所有的工作任务及案例都来自实岗的业务流程并对接世界技能大赛与"1+X"证书的技能标准。

为方便使用，本书提供配套PPT、有针对性的微课程视频、习题参考答案及项目迁移后对接世界技能大赛和"1+X"证书的主要操作过程视频及题库等在线数字教学资源，让学生能轻松掌握重点，突破难点，领悟精髓。

本书适合旅游、酒店类专业的学生及酒店员工内部培训使用，课程内容符合一学期的教学周期，周课时安排3~4节，因篇幅限制，实操Fidelio系统到Opera系统的迁移过程及注意事项与对接世界技能大赛训练内容都放入了职教云平台的"酒店信息管理系统Fidelio to Opera" MOOC课程中，因此建议教学实施中结合此MOOC课程展开。

因图片布局原因，有部分图截自Fidelio的优化版Sinfonia。由于时间和水平有限，本书难免存在不妥之处，希望广大读者予以批评指正！

编 者

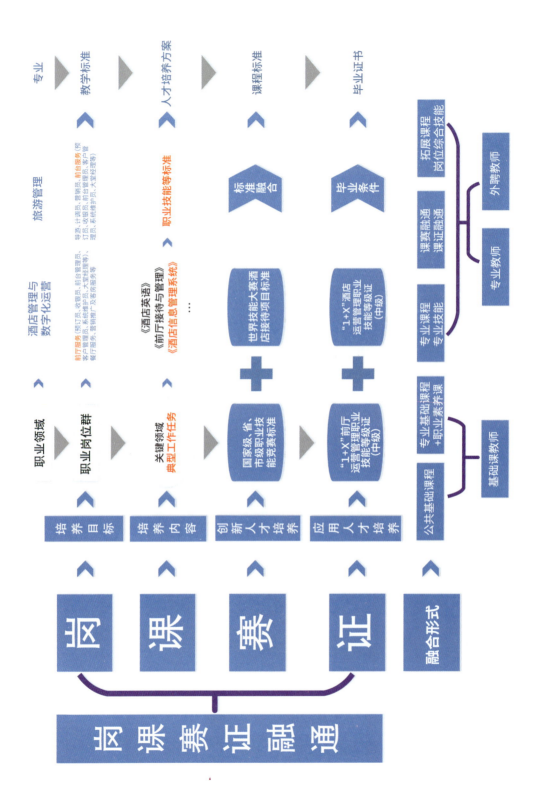

目 录

教材总案例 ·· 1

项目 1　酒店信息管理系统认知 ··· 6
　　任务 1-1　PMS 概述 ·· 7
　　任务 1-2　PMS 界面一览 ··· 9
　　任务 1-3　PMS 登录与自检 ··· 10
　　任务 1-4　用户权限与功能预览 ·· 12
　　任务 1-5　PMS 快捷键介绍 ··· 14

项目 2　客户资料管理 ·· 17
　　任务 2-1　客户资料的新建 ·· 17
　　任务 2-2　客户资料的管理与维护 ··· 23

项目 3　预订 ·· 27
　　任务 3-1　新建个人预订 ··· 27
　　任务 3-2　新建其他预订 ··· 31
　　任务 3-3　使用中英文名预订 ··· 33
　　任务 3-4　预订结果查找 ··· 34

项目 4　预订进阶 ·· 38
　　任务 4-1　多人预订与多次预订办理 ··· 38
　　任务 4-2　预订与错误关联处理 ·· 42
　　任务 4-3　预订资料的管理与维护 ··· 45

项目 5　接待入住 ··· 51
任务 5-1　基本入住的办理 ··· 51
任务 5-2　房间的分配与选择 ··· 58
任务 5-3　客人入住信息的核对 ··· 60

项目 6　在店服务 ··· 64
任务 6-1　在店客人信息查询 ··· 65
任务 6-2　取消入住的办理 ··· 67
任务 6-3　房间更换 ··· 68
任务 6-4　信息传递 ··· 69

项目 7　收银与结账离店 ··· 76
任务 7-1　抛账与账单查看 ··· 77
任务 7-2　收银进阶 ··· 84
任务 7-3　结账离店 ··· 93

项目 8　房务管理与夜审 ··· 98
任务 8-1　房态管理 ··· 99
任务 8-2　拼房与伴随入住办理 ··· 102
任务 8-3　夜审 ··· 107

项目 9　PMS 报表操作 ··· 114
任务 9-1　预订报表操作 ··· 114
任务 9-2　在店客人报表操作 ··· 116
任务 9-3　财务报表操作 ··· 118

结语　PMS 的发展展望 ··· 122

附录 ··· 128

参考文献 ··· 129

教材总案例

"长沙国际汽车博览会"酒店接待任务

一、时间及地点

(1)时间：××××年1月9—14日，为期6天。

(2)地点：湖南省长沙市，展览设在湖南国际会展中心，接待酒店为长沙延年酒店管理有限公司旗下延年AA酒店(简称长沙AA酒店)。

二、长沙国际汽车博览会简介

长沙国际汽车博览会是我国中部地区规模最大、档次最高、品牌最全的国内A级车展，与北京车展、上海车展、广州车展分立中国版图中部、北部、东部、南部，成掎角之势，创立中国车展第三极。自2005年创办以来，每年第四季度举办，至今已经成功举办16届。历经行业资源积累和品牌沉淀，赢得了"中部车市风向标"之美誉，是我国汽车行业的年度收官之作，享誉全国的靓丽会展名片。2021年更是有近80个国内外知名汽车品牌携全新产品高规格参展，吸引了国内外众多汽车厂家、汽车经销商、代理商、旅游公司及广大消费者广泛参与。

三、举办单位、主要宾客

主办单位：中国汽车工业协会、长沙市人民政府。

承办单位：中南出版传媒集团、长沙市会展行业协会、中南国际会展有限公司。

主要宾客：

1. 个人

大卫·克拉克(David Clark)、泰格·沙阿(Tiger Shah)、罗杰·贝克(Roger Baker)、黄蓉、郭靖、杨康等。

2. 公司

(1)南车时代(CSR)，湖南株洲市株洲田心北门，王经理，86—731—********，丁小波及其妻子刘芳、孩子丁思思(一家三口)。

(2)比亚迪汽车工业有限公司，深圳市坪山新区坪山横坪公路3001、3007号，吴贝科，0755—********。

(3)湖南兰天集团汽车有限公司(Hunan Lantian Group Automobile Co. Ltd)，长沙市雨花区长沙大道558号，屈总监，400—***—****转****。

(4)上海大众汽车公司(Shanghai Volkswagen Co. Ltd)，张文杰、张文豪(兄弟关系)。

3. 旅行社

湖南海外旅游有限公司(HOTC)，马小姐，86－731－********。

中国国际旅行社(China International Travel Service，CITS)，上海长安路1001号长安大厦1号楼16楼，王刚，021－********。

4. 预订代理

艺龙旅行有限公司(eLong)，刘主任，86－551－********，张山。

5. 团队

湖南××汽车俱乐部代表，欧长丰，134********。

任务：

1. 客户资料管理

1-1 客户资料的新建

市场营销部从长沙国际汽车博览会组委会获取了一些客户信息，请根据酒店客户信息表，按市场总监要求将获取的信息录入PMS，请完成如下任务。

1-1-1 新建个人客户资料

建立3位个人客户资料。

1-1-2 新建其他类型客户资料

建立4个其他类型客户资料：公司、预订代理、旅行社、团队。

1-2 客户资料的管理与维护

1-2-1 查找客户资料

酒店与中国国际旅行社有限公司签订的合同价格为CORA(CorporateA，A级公司协议价格)，请找到中国国际旅行社有限公司的资料，在合同价格输入框中填写"CORA"。

1-2-2 修改客户资料

销售员对VIP客户泰格·沙阿、罗杰·贝克进行电话拜访，使用Fidelio系统查找客户电话号码。客户拜访结果：安排住无烟房，泰格·沙阿是穆斯林，将该结果记入客人Profile的备注(Remarks)栏中，并备注：电话沟通入住时间，制定VIP接待方案。

2. 预订

2-1 新建个人预订

郭靖是一位腿脚不太方便的客人，为了方便参加此次长沙国际汽车博览会，他提前打电话到长沙AA大酒店，准备预订一间豪华大床房，预计入住1晚，并要求酒店给他准备一把轮椅。由于是散客，酒店以RACK价格为其办理预订，同时备注：提供轮椅、安排靠近电梯的客房。

2-2 新建其他预订

黄蓉是南车时代有限公司一名员工，此次前来参加本届汽车博览会，长沙AA大酒店是其所在公司的协议酒店，黄蓉准备在这里预订一间豪华大床房，预计入住1晚。由于是协议客人，酒店以CORP1价格为其办理预订。

2-3 使用中英文名预订

杨康是此次参加本届汽车博览会的一名散客，他在长沙AA大酒店预订了一间豪华大床房。酒店使用中文姓名"杨康"为其办理了预订。请分别使用中文姓名"杨康"和英文姓名"Yang Kang"在客户资料中查找。

2-4　预订结果查找

郭靖在长沙 AA 大酒店成功预订了一间豪华大床房，前台预订员在系统里面查找确认客人的预订信息。

3. 预订进阶

3-1　多人预订与多次预订办理

3-1-1　多人预订

有一位客人王刚（A），多次入住酒店；近期，另外一位同名同姓客人王刚（B）在网上办理了长沙 AA 酒店预订，由于酒店员工操作失误，将王刚（B）当作了王刚（A），结果王刚（B）的预订信息覆盖了王刚（A）的信息。

3-1-2　多次预订

会展前两天，到店客人非常多，接待员正遇上王刚办理预订，接待员在给王刚办理预订时发现已经有叫王刚的客人，但客源住地与以往的登记的信息有区别，来不及详细核查，便直接将王刚作为新客户办理了预订。

3-2　预订与错误关联处理

今天上午酒店客人相对较少，前台接待员想着前面入住的王刚信息可能有误，因此仔细核对了两个王刚的客户资料，发现他们就是一个人，马上对王刚的信息做了合并处理。

3-3　预订资料的管理与维护

3-3-1　预订的查找与修改

接到预订客人王刚的电话，要求修改到店日期，推迟一天到店。

3-3-2　预订的取消与激活

会展的第二天，王刚接到公司通知要回上海出差，因此他提前办理了退房手续，但 14：00 的时候他电话重新预订一个标间，但在 16：10 的时候说怕时间来不及，要求先取消预订，一个小时后又重新打电话要求恢复预订，并要求最好预订原来的房间。

4. 接待入住

4-1　基本入住的办理

根据客人入住办理的三种类型为客人办理入住。

4-1-1　预订日入住办理

王刚为参加长沙国际车展，之前预订了本酒店的房间，他在预订日期到达酒店，前台为他办理入住。

4-1-2　提前入住办理

王刚为参加长沙国际车展，之前预订了本酒店的房间，但他提前到达酒店，要求前台为他办理入住。

4-1-3　无预订入住办理

王刚初次来到本酒店，没有经过预订直接来到前台办理入住。

4-2　房间的分配与选择

王刚在办理入住时，对预订的房型不太满意，提出调换房间，前台接待员告知他需要先查询有无理想的房间可换，并且会产生一些额外的费用。

4-3　客人入住信息的核对

王刚成功办理完入住手续后，前台接待员再次核对他的入住信息，并向其确认。

5. 在店服务

5-1 在店客人信息查询

使用系统【在店客人（In-House Guests）】功能，对郭靖、黄蓉两位在店客人的基本信息进行查询。

5-2 取消入住的办理

郭靖和黄蓉都办理了入住手续，但因公司临时有事，需要取消入住。

5-3 房间更换

郭靖和黄蓉两位客人办完事后重返酒店，都办理了入住手续。郭靖尚未进入客房，因临时变动，郭靖要在酒店房间举办一个小型会议，所住标准间不能满足需求，请求更换房间，将房型由标准房更换为套房。黄蓉进入房间后发现客房不够清洁，要求更换房间，房型不变。

5-4 信息传递

郭靖要求在住期间给黄蓉留言，并送花给她作为感谢礼物，但因为联系不上黄蓉，所以委托酒店通过客人方位功能找到她并通知她及时回电话。

6. 收银与结账离店

6-1 抛账与账单查看

6-1-1 账单折扣办理

客人张文杰在前台办理入住时，发现哥哥张文豪是按照携程预订价预订的，感觉吃了亏，于是找前台经理理论，要求给自己打折，通过双方沟通后，前台经理按 VIP2 协议价为张文杰办理了入住。

6-1-2 信用卡预授权

前台人员要求张文杰缴纳 500 元押金，张文杰与哥哥张文豪协商后决定，张文杰所有的费用由哥哥张文豪支付，同时以张文豪名义做一个 500 元 Visa 卡的预授权，经酒店与张文豪确认无误后，为张文杰办理预订保证金全录入及预授权。

6-1-3 押金不足处理

傍晚，前台人员检查客人余额，发现张文杰房间余额不足，前台人员及时向张文杰催收 300 元押金，并禁止张文杰在餐厅挂账，在张文杰缴纳押金后解除了挂账限制。根据案例要求，为张文杰办理押金手续。

6-1-4 婴儿床抛账

丁小波是南车时代汽车公司代表，应邀前来参加本届汽车博览会，已办理入住，丁小波的妻子和孩子周末到达酒店，她们与丁小波同住一个房间，房费由丁小波支付，同时要求酒店外加一张婴儿床。根据丁小波的要求，为丁小波一家办理婴儿床抛账等。

6-2 收银进阶

中国国际旅行社向长沙 AA 酒店预订了一个团队。团队名称：比亚迪汽车工业有限公司，团号：CHI－20090001，标准间 4 间，房间单价每晚 630 元，豪华大床房 2 间，房间单价每晚 680 元，房费社付，杂费由员工自付。根据团队要求，为团队办理分账。

6-3 结账离店

6-3-1 提前离店

张文豪接到了公司的电话，要求他在展会结束的第二天上午十点赶到公司开会，张文豪需要在前一天晚上办理离店手续，以便第二天早晨六点半乘飞机回公司。根据要求为张文豪办理提前离店。

6-3-2　团队离店

为比亚迪汽车工业有限公司总部来长沙团队办理离店。

6-3-3　PM 房结账

客人张文华在商务中心打印了一份文件，费用 15 元，现金结账。夜审前为商务中心的 PM 房办理离店。

7. 房务管理与夜审

7-1　房态管理

王刚因为工作需要在长沙 AA 酒店预订了 DSDQ 型套间 0501 房，前台员工为他办理入住时，误将 0506 房的房卡发给了他，导致王刚入住了错误的房间。客房部在巡查时发现 0501 客房无行李，0506 房却有客人，故使用差异房（矛盾房）记录这一情况。经过与客人协商，客人愿意继续住下去，不更换房间。请登录 Fidelio 系统修改房态。

7-2　拼房与伴随入住办理

7-2-1　拼房办理

正在酒店办理入住的郭靖遇到了老同学——艺龙旅行有限公司的张山，他也准备办理入住，于是他俩要求拼房。查找客人郭靖、张山的订房信息，请为他俩办理拼房。

7-2-2　伴随入住办理

丁小波的妻子刘芳带着孩子（丁思思）到达丁小波已入住的酒店，前台查找丁小波的订房信息，为妻子刘芳及孩子（丁思思）办理伴随入住。

7-3　夜审

结束一天工作，完成夜审前相关准备工作，进行夜审。

8. PMS 报表操作

8-1　预订报表操作

你在酒店大堂副经理岗位已经有一年的时间。本次汽车博览会还剩下最后两天，部分参加博览会的人今天下午即将办理离店，酒店现余 15 间客房，但前台来电有个 40 人的旅行团队今天要入住本酒店，需要 24 间客房，其中标准间 20 间，豪华大套房 4 间。总经理正好不在，考验你的时候到了，你将如何处理此事？首先及时与附近合作酒店沟通，预订好所需房间类型及数量，在给出总体报价的同时要制作财务报表，并打印出预期收益情况报表，以便财务计算本次团队预订的整体收益情况。

8-2　在店客人报表操作

按姓名生成在店客人报表，并导出酒店所有在店客人报表到"今日在店客人报表.xls"文件。制作酒店在店客人情况报表，同时了解哪些客人余额不足，哪些消费应该受限制，晚上住店人数。根据消费额度及次数等综合因素，确定哪些客人可以升级 VIP 等级等。

8-3　财务报表操作

制作财务报表：导出酒店所有客人财务报表。

项目 1

酒店信息管理系统认知

项目导学

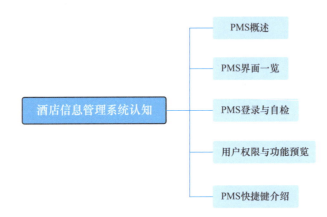

学习目标

➢ 素质目标

1. 培养学生信息化、精准化的服务与管理理念；
2. 培养学生精益求精、不断创新的工作态度；
3. 培养学生诚信服务、尽职尽责的良好品质。

➢ 知识目标

1. 理解酒店信息管理系统的定义及内涵；
2. 理解酒店前台管理系统(PMS)的定义及其与酒店信息系统的关系；
3. 了解常见的 PMS；
4. 熟悉 PMS 在我国的发展历程。

➢ 技能目标

1. 能够熟练运用搜索引擎，具备搜索信息的能力和搜索酒店信息系统厂商相关资料的能力，了解主流 PMS；
2. 能够根据酒店实际情况，为酒店选定合适的 PMS。

任务 1-1　PMS 概述

任务导入

前台接待岗位培训

通过笔试、面试、复试，你终于被长沙 AA 酒店录用，并在人力资源部办理完入职手续，随后你将接受酒店的入职培训，成为酒店的一名储备管理人员。在信息时代，各种信息化工具的熟练使用已经成为酒店管理者的必备技能，因此，酒店人力资源部将以 Fidelio V7.12 系统操作为例，给你安排酒店信息管理系统（Hotel Management Information System）中的物业管理系统（Property Management System，PMS），即俗称酒店前台信息管理系统的相关培训。

为尽快完成接下来的专业培训，你先利用网络了解了酒店信息管理系统的发展历程及现状，对酒店信息管理系统在酒店数字化运营过程中的重要性及其基本特征形成初步认知，了解了北京中长石基网络系统工程技术股份有限公司所代理的 Fidelio 及 Opera 酒店信息化管理软件。

任务实施

利用网络调查：国外著名酒店信息管理系统公司有哪些？国内著名酒店信息管理系统公司有哪些？表 1-1-1 为国内外著名的酒店信息管理系统公司。

表 1-1-1　国内外著名的酒店信息管理系统公司

公司	PMS 产品名称	公司网址	公司概况
美国易可（ECI）电脑公司	ECI（EECO）酒店系统		
酒店业资讯系统有限公司	HIS 酒店系统		
MICROS 公司	Fidelio 升级版 Opera		
华仪公司	华仪软件		
北京中软好泰酒店计算机系统工程公司	中软好泰系统 CSHIS		
杭州西湖软件有限公司	西湖软件		
北京中长石基网络系统工程技术有限公司	西软（全面代理 Fidelio 和 Opera 国内销售）		
广州万迅电脑软件有限公司	千里马饭店管理系统		
金天鹅软件公司	2 号店长		

以 Fidelio 为基础，尽快熟悉 PMS 系统，加深对酒店信息管理系统的认识。

一、酒店信息管理系统认知

信息管理系统是一个以人为主导，利用计算机硬件、软件、网络通信设备及其他办公设备，进行信息的收集、传输、加工、储存、更

PMS 系统概论

新和维护，以企业战略竞优、提高效益和效率为目的，支持企业的高层决策、中层控制、基层运作的集成化的人机系统。

酒店信息管理系统是以酒店员工为主导，利用现代信息技术支持酒店企业经营、管理和决策的人机系统。

二、酒店信息管理系统的重要性

酒店运营获得收益的两个基本要素是客房的出租率和价格。对占用客房的管理，是前台管理的基本任务。收益的最大化是通过制定最优化的价格管理来实现的。管理层和销售部门会通过制定收入预算和任务定额分配工作目标，然后将其以价格和政策的形式体现在经营过程中。然而，客房的出租率和价格永远是矛与盾的关系：房价过高，出租率必然下降；出租率提高，必然会压低房价。所以如何在两者之间达到平衡，以谋求利润的最大化，便成为酒店运营新的诉求。于是产生了第三个要素：RevPAR(Revenue Per Available Room)，即每间出租客房的平均售价。RevPAR虽然是一个统计性的指标，但是能将客房的出租率和价格水平整合体现。这就产生了一个新的学科：效益管理（Yield Management）或收益管理（Revenue Management）。一般优良的酒店都会配备专业的销售和餐饮系统（Sales and Catering System)与效益管理系统(Yield Management System)，这些专业的系统都是酒店信息管理系统的基础平台，酒店信息管理系统会从中获取所需要的基础数据。因此，酒店信息管理系统是酒店信息化管理的核心工具，并为酒店数字化运营提供基础数据。

三、酒店信息管理系统的特征

酒店信息管理系统是酒店经营管理服务的工具。它具有以下四个基本特征。

一是辅助性。酒店管理的主体是人，计算机只是数据处理的辅助工具。酒店信息管理系统通过对酒店各种相关信息进行收集、处理和传递，最终为管理人员的战略决策和日常管理提供信息支持，辅助管理人员进行正确决策，以达到酒店收入最大化的管理目的。通过该系统的辅助管理，酒店管理会更科学，日常事务处理更有序、更规范、更准确。

二是开放性。它是一个具有信息输入、输出功能的开放式系统。系统的输入功能体现在对各种票据、账单、报表等原始信息的采集和录入；输出功能体现在对经过技术处理的各种报表、汇总表等有用信息的显示和使用。通过对信息的输入和输出，酒店不仅能对经营环境进行分析并迅速适应环境，而且能在一定范围内和程度上改造环境，从而快速营造出有利于自身发展的环境。

三是层次性。现代酒店管理具有明显的等级层次，可以划分为基础业务管理、中层经营管理和高层决策管理。作为酒店管理的信息化工具，酒店信息管理系统与之相对应也可分为基层、中层和高层3个层次。其中，基层子系统主要是录入和管理一些基础数据，以提高酒店的工作效率和服务质量；中层子系统主要管理综合数据，以提高管理效率和管理精确度；高层子系统主要根据系统输入的结果进行酒店发展战略决策，以提高酒店的经营管理效益，包括酒店营销策略制定、发展战略规划、成本控制决策等。

四是反馈性。它能对酒店的具体业务信息进行综合控制。因为酒店的经营环境处于不断变化中，所以酒店信息管理系统必须根据外界信息及时调整内部处理方式或扩充相应处理功能，从而保证系统输出的结果更加精确和实用。

> 任务巩固

1. 国内主要 PMS 代表有哪些？酒店信息管理系统的主要功能有哪些？
2. 酒店信息管理系统的定义是什么？它在酒店信息化管理中的主要作用是什么？
3. 酒店运营管理获得收益的两个基本要素是什么？
4. 酒店信息管理系统的四个主要特征是什么？

任务 1-2　PMS 界面一览

> 任务导入

PMS 主要功能模块认知。PMS 包含客户资料管理等主要功能模块，各个模块组成对应不同的用户身份。以 Fidelio V7.12 版本为例，完成对 PMS 主要子程序的基本认识。

熟悉 Fidelio 系统主要界面。

> 任务实施

一、PMS 主要功能模块认知

PMS 包括客户资料管理、业务管理、账务管理、客房管理、报表系统维护等功能，整个系统由多个模块组成，对应不同的用户身份。以 Fidelio V7.12 版本为例，系统子程序如表 1-2-1 所示。

表 1-2-1　Fidelio V7.12 子程序

程序名称	功能简介	使用部门/人员
Fidelio	主运行程序	前台、客房、餐饮、财务、营销等
WFINDEX	数据库重新索引	计算机房员工、经理
FCONFIG	系统维护	计算机房员工、经理
FIDNIGHT	夜审程序	夜审员、夜审主管、大堂副经理
WINDBX	数据库编辑软件	计算机房员工、经理

二、PMS 界面预览——Fidelio 系统主界面

Fidelio 系统主界面具有预订（Reservations）、前台接待（Front Desk）、收银（Cashiering）、客房管理（Rooms Management）等功能，如图 1-2-1 所示。

图 1-2-1　Fidelio 系统主要界面

任务巩固

了解 Fidelio 系统主界面菜单中主要功能，思考各子程序启动的方法有何异同。

Fidelio 系统概览

任务 1-3　PMS 登录与自检

任务导入

1. 主程序启动

了解 PMS 两种结构的主程序 C/S 结构和 B/S 结构启动方法的差异。

2. PMS 启动过程中的主要工作

Fidelio 系统主程序启动过程中的主要工作是检测计算机的软件、硬件环境，以及所有与 PMS 相连的外部设备。

3. 系统登录

系统自检成功后会弹出【登录】对话框，在相应的对话框中输入用户名和密码，这个过程主要用于检测用户的合法性。

任务实施

一、主程序启动

使用 PMS 时，用户应首先启动 PMS 主程序。启动方法有两种：一种是单击 PMS 可执行程序，以 FidelioPMS、西湖软件、中软好泰等为代表的 C/S 结构的系统，这类 PMS 确保 Server 端程序运行后，在客户端运行主程序即可；另一种是安装在服务器上，使用者通过浏览器进行登录，如 OperaPMS、华仪（软件）系统、绿云云计算酒店管理系统等 B/S 结构的系统，这种系统直接在浏览器中输入服务器地址，通过输入相应的身份验证如用户名、密码后即可使用。

二、PMS 自检认知

主程序运行之后，首先对系统进行自检，检测计算机的软件、硬件环境，以及所有与 PMS 连接的外围软件或设备运行状态等，当检测到异常时，系统会弹出警告提示框。Fidelio 系统会弹出如下警示。

1. 外接设备或软件故障提示

系统自检还包括与 Fidelio 相连接的外围设备和软件的运行情况。这些设备或软件通过接口 Interface 与 Fidelio 相连，并与 Fidelio 配合完成酒店业务。其接口型号多样，如电话计费、POS 接口等。当系统检测到异常情况时，会弹出相应警示，如图 1-3-1、图 1-3-2 所示。

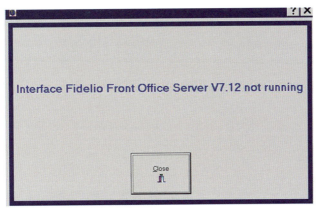

图 1-3-1　前台接口程序没有运行提示

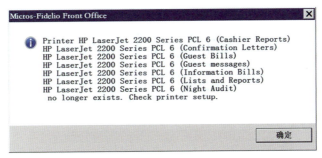

图 1-3-2　打印机已经不再存在，请检查打印机设置提示

2. 重复启动 Fidelio 系统提示

Fidelio 系统在一台计算机上只允许一个实例运行，当用户已经打开 Fidelio 程序，再次试运行 Fidelio 系统时，系统会弹出重复启动的提示框，提示重复打开（图 1-3-3），单击【No】按钮后，系统自动退出。

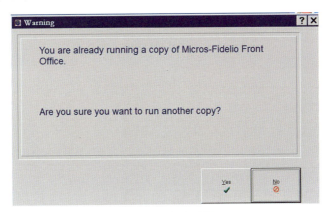

图 1-3-3　重复启动提示

三、系统登录

系统自检成功后弹出【登录】对话框，分别在【用户名(User I. D.)】和【密码(Password)】中输入相应信息即可登录。

（1）如果用户名和密码验证无误，即可进入 Fidelio 系统；如果用户名和密码验证有误，系统将会提示登录错误。

（2）输入框中输入用户名、密码，单击【登录(Login)】按钮即可登录。

任务巩固

使用至少两种以上的方法启动 Fidelio 系统。

任务 1-4 用户权限与功能预览

任务导入

用户权限是指用户在计算机系统中可操作的任务范围。酒店不同员工的工作职责和权限不同，其在酒店信息系统中的可用功能也有很大差异，调用 Fidelio 程序的子程序 FCONFIG 下的【Manager】功能菜单中【User Groups】可查看用户类别与权限。图 1-4-1 所示为某酒店用户类别与权限图。

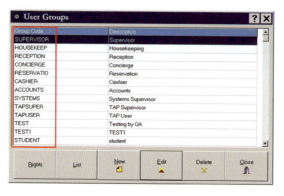

图 1-4-1 某酒店用户类别与权限图

任务实施

用户权限一般是在安装 PMS 之初根据酒店职责分工对每个用户类别权限进行统一设置，后面根据实际需要调整时可以由信息部员工使用系统维护功能模块进行修改与完善。

（1）执行【FCONFIG】→【所有程序】→【Fidelio】→【FCONFGIG】命令，调出【Micros _ Fidelio Configuration System】对话框。

PMS 用户权限与功能

（2）分别使用预订员（trainerres）、客房管理员（trainerhou）、大堂副经理（traineram）、系统管理员（trainer）的用户名与密码登录系统查看权限。

（3）完成权限表，在享有权限的相应栏中画"√"。完成表1-4-1所示的用户权限与功能按键。

表1-4-1 用户权限与功能按键

主功能按键	子功能按键	客房部员工（trainerhou）	预订部员工（trainerres）	大堂副经理（traineram）	系统管理员（trainer）
预订（Reservations）	New Reservation				
	Update Reservation				
	Groups				
	Waillist				
	Profiles				
	Events				
前台（Front Desk）	Arrivals				
	In-House Guests				
	Room Blocking				
	Messages				
	House Status				
	House Accounts				
	Q-Rooms				
收银（Cashiering）	Billing				
	Posting				
	Cashiering				
	Close Cashier				
	Passer By				
	Quick Check Out				
	Receivables				
	Travel Agent Processing				
	Balance POS				
房务管理（Rooms Management）	Housekeeping				
	Out of Order/Service				
	Room Assignment				
	Room History				
	Overbooking				
	Attendants				
	Maintenance				
	Q-Rooms				
	Occupancy Graph				

> 任务巩固

对照 Fidelio 与 Opera 系统的 PMS 界面，列出其外观及功能上的异同。

任务 1-5　PMS 快捷键介绍

> 任务导入

如何能快速完成 PMS 中的信息操作工序，留出更多的时间来服务顾客？快捷键可以使用户不使用鼠标只使用键盘按键或按键组合来调用功能，从而减少鼠标与键盘的不断切换频率，增加员工的操作速度，节省客户等待时间，提高客户满意度。

> 任务实施

Fidelio 系统快捷键功能便于用户快速操作。在此任务中要明确 Fidelio 中常见的快捷键。如新建预订（New Reservation）快捷键 Ctrl＋N、更新预订（Update Reservation）快捷键 Ctrl＋U 等。使用快捷键的优势在于不需要退出用户当前使用的功能，更重要的是，快捷键的运用能大幅度地减少员工面对计算机的时间，将更多的精力投入到对客人的服务中，有助于酒店提高客户服务的质量。Fidelio 中常用的快捷键如表 1-5-1 所示，常用快捷键菜单如图 1-5-1 所示，快捷键按钮如图 1-5-2 所示。

Fidelio 系统快捷键

表 1-5-1　常用快捷键

快捷键	功能键	功能说明	快捷键自测
F1	Help	系统帮助	
Ctrl＋U	Update Reservations	更新预订	
Ctrl＋D	Detailed Availability	可用房细节	
Ctrl＋N	New Reservation	预订	
Ctrl＋G	Group Master	团队	
Ctrl＋A	Arrivals	抵达	
Ctrl＋I	In-House Guests	在店客人	
Ctrl＋M	Messages	消息	
Ctrl＋H	House Status	房间状态	
Ctrl＋B	Billing	账单	
Ctrl＋E	Posting	抛账	

项目1 酒店信息管理系统认知

图 1-5-1　快捷键菜单　　　　图 1-5-2　常用快捷键按钮图标

任务巩固

课后完成快捷键自测，方法是将表 1-5-1 所示的快捷键列遮住后完成任务实施内容。

项目对接

一、对接世界技能大赛"酒店接待"项目

要求：使用 Opera 系统完成项目 1 的相关任务。

对比总结表

迁移要点/主要内容	Fidelio	Opera
PMS 主界面	包括预订、前台、收银、客房、杂项、夜审等功能模块	包括预订、前台、收银、客房、杂项、夜审等功能模块
登录与自检	用户名＋密码登录后系统自检	用户名＋密码登录后系统自检
用户权限与功能	不同用户设置不同权限	不同用户设置不同权限
常用快捷键	具有功能丰富的快捷键	具有功能丰富的快捷键

二、对接"1＋X"证书模块

思考以下问题：

(1) 在酒店信息化管理过程中，人为主导，系统为辅，工作人员如何充分运用信息化手段为客人提供更便捷的服务？

(2) 在"互联网＋"时代如何通过数字化运营方式及手段快速适应行业岗位要求，做智慧商务服务时代的酒店人？

项目评价

知识评价表

评价内容	评价标准	分值	测评对象		
			自评	组评	师评
PMS 主要菜单与功能的认知	正确认知相关菜单及基本含义	20			
菜单及快捷键的选择	准确选择菜单及快捷键	20			
功能键的操作	熟练操作、逻辑性强	60			
总分		100			
个人反思：					

项目笔记

项目 2

客户资料管理

项目导学

学习目标

➤ 素质目标
1. 具备利用系统资料为客户提供优质服务的素养；
2. 具备敬业爱岗、一丝不苟的从业精神。
➤ 知识目标
1. 熟悉岗位服务流程与规范；
2. 了解 Fidelio 系统与 Opera 系统客户资料的分类：个人(Individual)、公司(Company)、旅行社(Travel Agent)、预订代理(Reservation Source)、团队(Group Master)；
3. 掌握客户资料(Profiles)的新建(New)、查找(Search)、修改(Edit)操作。
➤ 技能目标
1. 能新建五种类型的客户档案；
2. 能对客户信息进行筛选；
3. 能完成客户信息的收集、整理与建档。

任务 2-1　客户资料的新建

任务导入

市场营销部从长沙国际汽车博览会组委会获取了一些客户信息，请根据酒店客户信息表，按市场总监要求将获取的信息录入 PMS 中，并完成如下任务。

1. 新建个人客户资料

新建 3 位个人客户资料（表 2-1-1～表 2-1-4）。

表 2-1-1 长沙 AA 酒店客户信息表(个人)

序号	英文姓名	中文姓名	来源	国籍	联系方式	VIP 级别
1	David Clark	大卫·克拉克	个人	美国	86－731－********	V1
2	Tiger Shah	泰格·沙阿	个人	巴基斯坦	86－731－********	V2
3	Roger Baker	罗杰·贝克	个人	英国	86－731－********	V2

表 2-1-2 长沙 AA 酒店客户信息表 1

英文姓名 Name	David Clark	VIP 级别 VIP	V1
中文姓名 Chinese Name	大卫·克拉克	生日 Birthday	1990 年 11 月 5 日
语言 Language	英文	证件号(护照号) ID.	********
头衔 Title	Mr	称谓 Title	Dear Mr. David
国家 Country	美国	国籍 Nationality	美国
地址 Address	NO. 12 Victoria Avenue ××× city Ohio USA		
州(省) State/Province		城市 City	
邮编 Post Code		电话 Phone	86－731－********

表 2-1-3 长沙 AA 酒店客户信息表 2

英文姓名 Name	Tiger Shah	VIP 级别 VIP	V2
中文姓名 Chinese Name	泰格·沙阿	生日 Birthday	1991 年 2 月 25 日
语言 Language	英文	证件号(护照号) ID.	********
头衔 Title		称谓 Title	
国家 Country	巴基斯坦	国籍 Nationality	巴基斯坦

续表

地址 Address			
州(省) State/Province		城市 City	
邮编 Post Code		电话 Phone	86—731—********

表 2-1-4　长沙 AA 酒店客户信息表 3

英文姓名 Name	Roger Baker	VIP 级别 VIP	V2
中文姓名 Chinese Name	罗杰·贝克	生日 Birthday	1991 年 7 月 28 日
语言 Language	英文	证件号(护照号) ID.	********
头衔 Title	Mr	称谓 Title	Dear Mr. Roger
国家 Country	英国	国籍 Nationality	英国
地址 Address			
州(省) State/Province		城市 City	
邮编 Post Code		电话 Phone	86—731—********

2. 新建其他类型客户资料

新建其他类型客户资料：公司、预订代理、旅行社、团队(表 2-1-5～表 2-1-10)。

表 2-1-5　长沙 AA 酒店客户信息表(其他类型)

序号	英文名称	中文单位名	类型	联系人	联系电话
1	CSR	南车时代	公司	王经理	86—731—********
2	eLong	艺龙旅行有限公司	预订代理商	刘主任	86—551—********
3	HOTC	湖南海外旅游有限公司	旅行社	马小姐	86—731—********
4	CITS	中国国际旅行社有限公司	旅行社	李思文	86—731—********
5	TEMP	湖南××汽车俱乐部	团队	欧长丰	134********

表 2-1-6　长沙 AA 酒店客户信息表(公司)

来源 Source	公司	联系人 Contact	王经理
公司缩写 Company Abbr.	CSR	联系电话 Phone	86－731－********
全称 Full Name	南车时代	协议价格 Negotiate Price	
国家 Country	中国	省份 Province	湖南
地址 Address	湖南株洲市株洲田心北门		
城市 City	株洲	邮编 Post Code	

表 2-1-7　长沙 AA 酒店客户信息表(预订代理)

来源 Source	预订代理	联系人 Contact	刘主任
公司缩写 Company Abbr.	eLong	联系电话 Phone	86－551－********
全称 Full Name	艺龙旅行有限公司	协议价格 Negotiate Price	
国家 Country	中国	省份 Province	
地址 Address			
城市 City		邮编 Post Code	

表 2-1-8　长沙 AA 酒店客户信息表(旅行社)

来源 Source	旅行社	联系人 Contact	马小姐
公司缩写 Company Abbr.	HOTC	联系电话 Phone	86－731－********
全称 Full Name	湖南海外旅游有限公司	协议价格 Negotiate Price	
国家 Country	中国	省份 Province	湖南
地址 Address	湖南长沙芙蓉区湘江中路 78 号		
城市 City	长沙	邮编 Post Code	410002

项目 2　客户资料管理

表 2-1-9　长沙 AA 酒店客户信息表(旅行社)

来源 Source	旅行社	联系人 Contact	李思文
公司缩写 Company Abbr.	CITS	联系电话 Phone	86—731—＊＊＊＊＊＊＊＊
全称 Full Name	中国国际旅行社有限公司	协议价格 Negotiate Price	
国家 Country	中国	省份 Province	湖南
地址 Address			
城市 City	长沙	邮编 Post Code	410002

表 2-1-10　长沙 AA 酒店客户信息表(团队)

来源 Source	团队	联系人 Contact	欧长丰
公司缩写 Company Abbr.	TEMP	联系电话 Phone	134＊＊＊＊＊＊＊＊
全称 Full Name	湖南××汽车俱乐部(代表)	协议价格 Negotiate Price	
国家 Country	中国	省份 Province	湖南
地址 Address			
城市 City		邮编 Post Code	

任务实施

根据以上任务的描述，使用 Fidelio 系统实施任务。

Fidelio 系统根据资料对象的不同，将客户资料分为个人(Individual)、公司(Company)、旅行社(Travel Agent)、预订代理(Reservation Source)、团队(Group Master)。

一、调用新建资料功能(New Profile)

(1)菜单栏中选择【预订(Reservations)】→【客户资料(Profiles)】菜单。

(2)单击主功能键【预订(Reservations)】图标下的【客户资料(Profiles)】子功能键。

个人客户资料的新建

二、新建客户资料类型选择

在【资料查询(Profile Search)】对话框(图 2-1-1)中单击右下方的【新建(New)】按钮,弹出【新建客户资料类型选择(New Profile)】对话框(图 2-1-2),可选择新建资料的类型。由上至下 5 个单选框分别对应 5 种资料类型:【个人(Individual)】【公司(Company)】【旅行社(Travel Agent)】【预订代理(Reservation Source)】【团队(Group Master)】,选择后单击【确定(OK)】按钮或按 Enter 键即可完成客户资料类型选择,并弹出【资料信息录入(Clark Profile)】对话框。

图 2-1-1 【资料查询】对话框

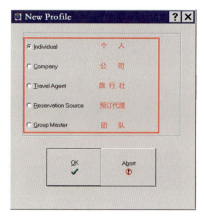

图 2-1-2 【新建客户资料类型选择】对话框

三、客户资料信息录入

在【资料信息录入(Clark Profile)】对话框中,左上角的文字标示了不同的客户类型,填写客户信息,如姓名、地址、电话、国籍等。依次在个人客户信息(如 Last Name、Chin Name、Address、Country、VIP)(图 2-1-3)对话框中输入信息资料。针对不同的客户类型,员工具体输入的信息内容不同,其中加粗字体标示的输入项为必填项。信息输入完毕并确认无误后,单击右下方【保存(Save)】按钮完成输入,系统将自动分配客户资料编号并保存信息(图 2-1-3)。

其他类型的客户
资料新建

项目2　客户资料管理

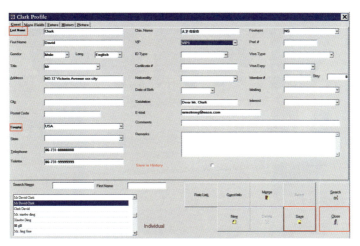

图 2-1-3　【资料信息录入】对话框——个人类型

四、结束资料录入

所有录入项目完成、保存并确认无误后，单击【关闭(Close)】按钮退出【资料信息录入(Clark Profile)】对话框。

任务巩固

（1）假设明星刘某定于下个月来酒店所在城市参加活动，酒店市场销售部获取该散客的信息后，新建一个散客档案并保存他的信息。销售部门获悉该明星有三个特点：对保密性要求极高；喜欢海景房；饮食习惯以清淡为主。请在系统中完成该操作。

明星的经纪人接受了酒店的邀请，于近日来酒店参观客房设施。假设你是酒店大堂副经理，负责这次接待参观任务，为了更好地完成该工作，请你登录系统查找该明星的相关资料。

（2）通过各种你能想到的方式搜集某集团董事局主席张某的信息，并为其建立散客档案。

（3）酒店和中国青年旅行社（长沙）有限公司［英文全称：China Youth Travel Service (Chang Sha)，CYTS］签订了客房销售合同。新建一个旅行社类型客户档案，保存该旅行社信息。

任务 2-2　客户资料的管理与维护

任务导入

1. 查找客户资料

酒店与中国国际旅行社有限公司签订的合同价格为 CORA(CorporateA，A级公司协议价格)，请找到中国国际旅行社有限公司的资料，在合同价格（Ctrct.Rate）输入框中填写"CORA"。

· 23 ·

2. 修改客户资料

销售员与 VIP 客户泰格·沙阿、罗杰·贝克进行电话拜访，请使用 Fidelio 系统为销售员查找客户电话号码。销售员与客户电话拜访结果：安排住无烟房，泰格·沙阿是穆斯林，将该结果记入客人 Profile 的备注（Remarks）栏中并备注：电话沟通入住时间，制定 VIP 接待方案。

任务实施

根据以上任务的描述，使用 Fidelio 系统实施任务。

一、查找客户资料

在菜单栏中选择【预订（Reservations）】→【客户资料（Profiles）】，或单击主功能键【预订（Reservations）】图标下的【客户资料（Profiles）】子功能键。在【资料查询（Profile Search）】对话框中，左下方为客户资料查找条件输入区，输入【姓氏（Last Name）】【名（First Name）】【城市（City）】【会员卡号（Member）】【客户资料编号（Guest Card）】【资料类型（View By）】等作为查找关键词，输入查找条件后单击【查找（Search）】按钮，PMS 即可进行查找，并且会在客户资料列表区中显示查找结果（图 2-2-1）。

图 2-2-1 【资料查询】对话框

查找到客户资料后，在客户资料列表区中选择需要查看的客户资料，单击【编辑（Edit）】按钮或按 Enter 键，进入【资料信息录入（Clark Profile）】对话框。在【资料信息录入（Clark Profile）】对话框中即可找到客户电话号码（Telephone）。除客户基本信息外，客户资料中还显示了客户的其他信息、未来预订和消费历史信息，其中消费历史信息不但包括客户每一次消费的日期、房号、金额等，还对顾客消费情况进行了分类统计，并且可以查看历史消费明细和同住人信息等（图 2-2-2）。

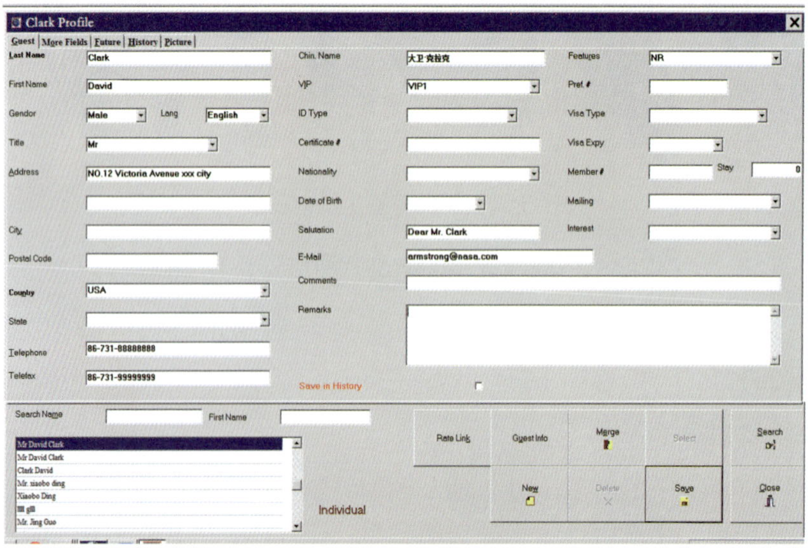

图 2-2-2 查找客户资料

二、修改客户资料

在两种情况下客户资料信息会发生变化：一种是因为预订或顾客消费，客户资料中的未来预订和消费历史信息数据会自动更新；另一种是酒店发现客户资料有误，或者某些客户信息变更（如签订了新的销售合同，需要修改所保存的原有合同）时，需要调整。需要修改客户资料时，直接在【资料信息录入】对话框中输入信息或修改原有信息，单击【保存（Save）】按钮即可。操作完毕后，单击【关闭（Close）】按钮关闭对话框（图 2-2-3）。

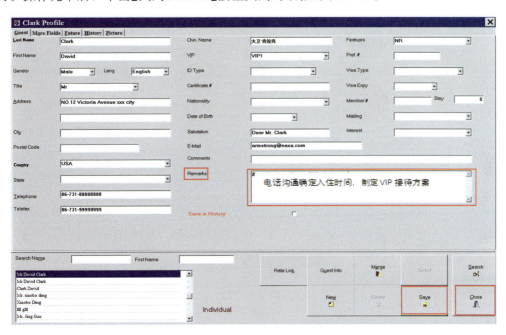

图 2-2-3　修改客户资料

任务巩固

（1）查找李某的档案，将其 VIP 等级提升到最高等级，可以签单，金额无限制。注意完成操作后查看档案编号与原来的编号是否相同。

（2）某旅行社经常拖欠房费，酒店取消了该公司挂账权限，改为现金支付，请在系统中进行变更。

项目对接

一、对接世界技能大赛"酒店接待"项目

要求：使用 Opera 系统完成项目 2 的相关任务。

Opera 系统中客户资料类型更丰富，增加了联系人（Contact）和供应商（Vendor）两种类型。

客户资料管理
Opera 操作流程

对比总结表

迁移要点/主要内容	Fidelio	Opera
新建档案	【Reservations】→【Profiles】→【Profile Search】→【New】→【New Profile】→选择新建资料的类型（5种类型）→信息录入完成→【Save】→【Close】	【Reservations】→【Profiles】→【Profile Search】→【New】→【New Profile】→选择新建资料的类型（7种类型）→蓝色标记进入 Alternate Name 界面录入相关信息→【OK】→信息录入完成→【OK】
客户资料管理与维护	查找与修改：【Reservations】→【Profiles】→【Profile Search】→客户资料查找条件区输入查找条件→【Search】→在客户资料列表区中显示查找结果→【Edit】→【客户资料显示】→输入或修改原有信息→【Save】→【Close】	查找与修改：【Reservations】→【Profiles】→【Profile Search】→输入查找条件→【Search】→在客户资料列表区中显示查找结果→输入或修改原有信息→【Save】→【Close】

二、对接"1＋X"证书模块

思考以下问题：

根据客户信息资料，对接"1＋X"证书的服务规范与要求，工作人员如何为不同类型的客户新建档案并对客户信息进行筛选，完成客户信息的收集、整理与建档？

项目评价

知识评价表

评价内容	评价标准	分值	测评对象		
			自评	组评	师评
客户资料管理的认知	正确认知相关菜单及基本含义	20			
菜单及快捷键的选择	准确选择菜单及快捷键	20			
功能键的操作	熟练操作、逻辑性强	60			
总分		100			
个人反思：					

项目笔记

项目 3

预 订

项目导学

学习目标

➢ 素质目标
1. 培养充分利用客户资料为客户提供优质服务的意识;
2. 培养爱岗敬业、精益求精的工匠精神。

➢ 知识目标
1. 了解酒店预订的方式、种类和预订的渠道;
2. 熟悉酒店客房预订管理系统;
3. 掌握Fidelio系统与Opera系统新建预订的操作;
4. 理解预订与客户资料之间的关系,预订与客人状态之间的关系。

➢ 技能目标
1. 能够准确地为散客、协议客人、公司、旅行社等办理客房预订;
2. 能够准确掌握酒店客房预订情况,合理安排房源,顺利完成客房预订工作;
3. 能够根据前台预订工作标准完成客房预订管理工作。

任务 3-1 新建个人预订

任务导入

郭靖是一位腿脚不太方便的客人,为了方便参加此次长沙国际汽车博览会,他提前打电话到长沙 AA 大酒店，准备预订一间豪华大床房，预计入住 1 晚，并要求酒店给他准备一把轮椅。由于是散客，酒店以 RACK 价格为其办理预订，同时备注：提供轮椅、安排靠近电梯的客房。郭靖的预订信息如表 3-1-1 所示。

表 3-1-1　长沙 AA 酒店预订信息表(个人)

英文姓 Name	Guo	所属公司 Company	无
英文名 First Name	Jing	中文名 Chinese Name	郭靖
语言 Language	中文	联系方式 Phone	138＊＊＊＊＊＊＊＊
头衔 Title	Mr	国家 Country	中国
入住日期 Arrival	1月9日	VIP	0
离店日期 Departure	1月10日	房型 Room Type	豪华大床房(DKN)
价格代码 Rate Code	门市价(RACK)	来源 Source	散客(IND)

任务实施

根据以上任务的描述，使用 Fidelio 系统实施任务。

预订是指在客人抵店前对酒店客房的预先订约，是客人与饭店之间达成的一种预期使用客房的协议。当客人通过各种方式与酒店联系进行预订时，酒店员工应使用【新建预订(New Reservation)】功能来办理，以记录客人的预订信息并生成预订编号。

基本预订

一、调用新建预订功能

(1)选择菜单栏的【预订(Reservations)】→【新建预订(New Reservation)】。
(2)单击主功能键【预订(Reservations)】→【新建预订(New Reservation)】。
(3)使用快捷键 Ctrl＋N，调出【新建预订查询(New Reservation)】对话框。

二、查找客户资料

在【新建预订(New Reservation)】对话框中输入预订信息，如客人姓(Name)、客人的名字(First)等信息(图 3-1-1)，然后单击【查找(Search)】或【新建(New)】按钮即可操作。

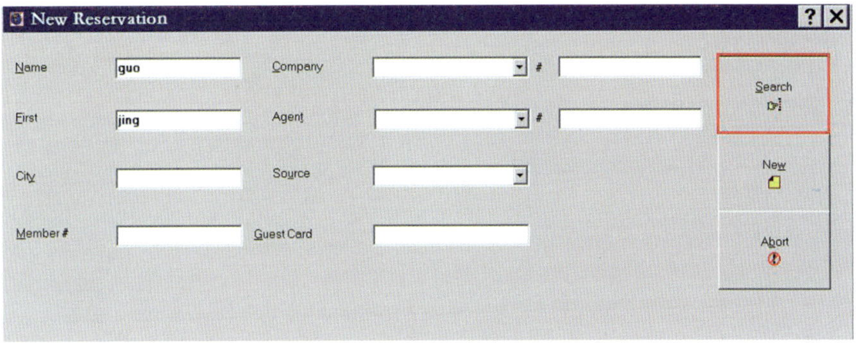

项目3　预订

图 3-1-1　查找客户资料

单击【查找(Search)】按钮在所有个人客户资料中进行查找，如果没有找到符合条件的客户资料，即可看到【预订信息录入】对话框(图 3-1-2)；如果找到符合条件的客户资料，则进入【客户资料选择】对话框。

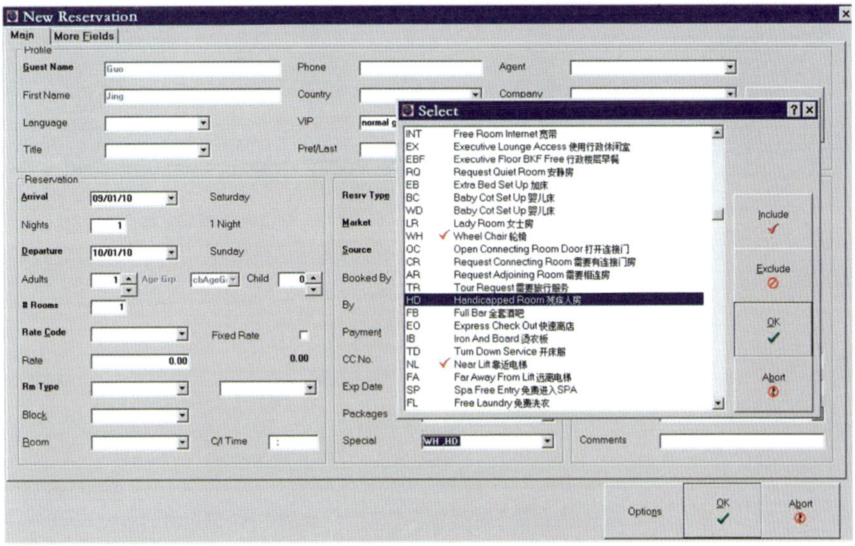

图 3-1-2　【预订信息录入】对话框

三、预订信息录入

在【预订信息录入】对话框中输入预订客户信息，其中加粗字体标示的输入项为必填项，所有必填项输入完毕后，单击【确定(OK)】按钮，预订即可完成。

四、价格代码选择

在整个预订过程中，价格的确定是预订的核心和难点。Fidelio 系统中预订价格的确定是通过价格代码的选择来确定的。

在【预订信息录入】对话框中单击【价格代码(Rate Code)】列表框的下拉按钮(即输入栏后的向下箭头)，即可看到【价格查询(Rate Query)】对话框(图 3-1-3)。

散客预定

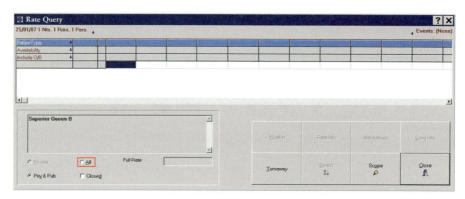

图 3-1-3 【价格查询】对话框

【价格查询(Rate Query)】对话框中显示该预订可以使用的价格代码,如果客人没有对应的价格代码,用户可以选中【显示所有价格代码(All)】单选按钮来列出所有价格代码(图3-1-4)。

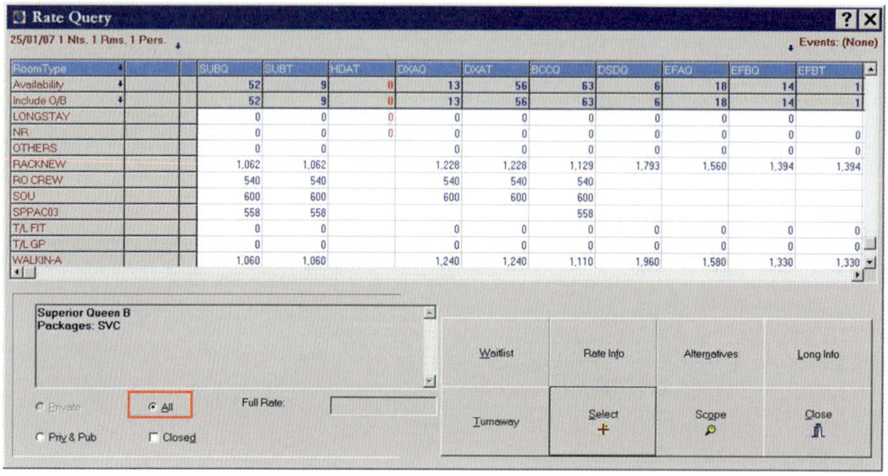

图 3-1-4 【价格查询】对话框:【显示所有价格代码(All)】

【价格查询(Rate Query)】对话框中列出了房型、市场代码、可售房数量(包括超额预订的可售房数量)和详细的客房价格信息(图3-1-4)。根据客人的价格代码(行)和预订房型(列),用户即可找到相应的价格。用鼠标选定价格,单击右下方【选择(Select)】按钮,完成价格确定后,系统自动关闭【价格查询(Rate Query)】对话框,返回【预订信息录入】对话框。

完成价格代码输入,回到【预订信息录入】对话框,房型、价格和市场代码已经自动完成。

五、预订结束

单击【确定(OK)】按钮完成预订信息录入操作。如果系统检测预订信息正确,就会分配预订编号并弹出【预订成功】提示框,显示客人的预订号码(图3-1-5);如果预订信息录入不正确,系统会弹出【错误】提示,并将光标移至错误的输入项(图3-1-6)。

图 3-1-5　预订成功，系统返回预订号码

图 3-1-6　预订信息录入错误，系统发出错误提示

任务巩固

完成李豪的个人预订，如表 3-1-2 所示。

表 3-1-2　长沙 AA 酒店预订信息表（个人）

英文姓 Name	Li	所属公司 Company	无
英文名 First Name	Hao	中文名 Chinese Name	李豪
语言 Language	中文	联系方式 Phone	135********
头衔 Title	Mr	国家 Country	中国
入住日期 Arrival	1 月 11 日	VIP	0
离店日期 Departure	1 月 12 日	房型 Room Type	豪华大床房（DKN）
价格代码 Rate Code	RACK	来源 Source	散客（IND）

任务 3-2　新建其他预订

任务导入

黄蓉是南车时代有限公司一名员工，此次前来参加本届汽车博览会，长沙 AA 大酒店是其所在公司的协议酒店，黄蓉准备在这里预订一间豪华大床房，预计入住 1 晚。由于是协议客人，酒店以 CORP1 价格为其办理预订。黄蓉的预订信息如表 3-2-1 所示。

表 3-2-1　长沙 AA 酒店预订信息表（其他）

英文姓 Name	Huang	所属公司 Company	南车时代有限公司

续表

英文名 First Name	Rong	中文姓名 Chinese Name	黄蓉
语言 Language	中文	联系方式 Phone	137********
头衔 Title	Mrs	国家 Country	CN(China)
入住日期 Arrival	1月9日	VIP	0
离店日期 Departure	1月10日	房型 Room Type	豪华大床房(DKN)
价格代码 Rate Code	CORP	来源 Source	公司

任务实施

以公司、旅行社、团队的名义预订客房，在个人预订流程基础上，需要增加订房单位的档案和信息。根据以上任务的描述，使用 Fidelio 系统实施任务。

一、查找档案

进入【新建预订(New Reservation)】对话框，在"Name"字段输入客人名字或客人名字的前几个字母，在界面右上角订房单位区域的"Agent""Company""Group Master""Source""Contact"等字段分别输入旅行社、公司、团队、预订来源和联系人，调用历史档案或新建档案，步骤和散客相同。

协议客人预订

二、预订信息录入

如果没有匹配的档案，需要先创建档案；如果有相匹配的档案，则进入档案查找对话框中选择旅行社、公司、团队、预订来源和联系人档案，按照客人预订情况填写信息，其中加粗字体标示的输入项为必填项，所有必填项输入完毕后，预订即可完成。

任务巩固

比亚迪汽车工业有限公司总部委托中国国际旅行社为年度优秀员工组织深圳—长沙五日游，并规定第一日安排在长沙汽车博览会。中国国际旅行社向长沙 AA 酒店预订了一个团队。团队名称：比亚迪汽车工业有限公司深圳—长沙五日游；团号：CHI－20090001；入住天数：1晚；房间数：6间；房型：标准间4间、豪华大床房2间，如表3-2-2所示。

表 3-2-2 长沙 AA 酒店预订信息表(其他)

团队名称 Group Name	比亚迪汽车工业有限公司深圳—长沙五日游	所属公司 Company	比亚迪汽车工业有限公司
团队代码 Block Code	CHI－20090001	房间数 Room Nights	6 间
语言 Language	中文	电话 Phone	0731－********
头衔 Title	Mrs	国家 Country	CN(China)
入住日期 Arrival	1月9日	VIP	Normal Guest
离店日期 Departure	1月10日	房型 Room Type	标准间：4 间 豪华大床房：2 间
价格代码 Rate Code	使用默认值	来源 Source	旅行社

任务 3-3 使用中英文名预订

任务导入

杨康是此次参加本届汽车博览会的一名散客，他在长沙 AA 大酒店预订了一间豪华大床房。酒店使用中文姓名"杨康"为其办理了预订。请分别使用中文姓名"杨康"和英文姓名"Yang Kang"在客户资料中查找。杨康的预订信息如表 3-3-1 所示。

表 3-3-1 长沙 AA 酒店预订信息表(个人)

英文姓 Name	Yang	所属公司 Company	无
英文名 First Name	Kang	中文姓名 Chinese Name	杨康
语言 Language	中文	电话 Phone	138********
头衔 Title	Mr	国家 Country	CN(China)
入住日期 Arrival	1月13日	VIP	0
离店日期 Departure	1月14日	房型 Room Type	豪华大床房(DKN)
价格代码 Rate Code	RACK	来源 Source	散客(IND)

任务实施

Fidelio系统在信息搜索时仅支持英文，因此，用户为客人办理客房预订时，需要将客人的中文姓名转化成英文姓名后录入系统中，只有这样才能在客户资料中找到相应的预订信息。

一、新建预订查询

在【新建预订（New Reservation）】对话框"英文姓（Name）""英文名（First）"中输入相关信息，然后单击【查找（Search）】按钮，系统直接弹出信息录入表，根据信息录入表的要求输入客人信息，其中加粗字体标示的输入项为必填项。

预订中的
中英文名

二、完成预订

完成上述预订信息录入操作后，直接单击【确定（OK）】按钮完成预订操作。系统自动分配预订编号并弹出【预订成功】提示框，显示客人的预订编号。

三、查找客户资料

使用中文姓名"杨康"在客户资料中查找，系统显示没有这位客人信息。然后，使用英文姓名"Yang Kang"在客户资料中查找，系统仍然显示没有这位客人信息。

造成这种结果的原因是：在预订时，没有使用英文姓名进行预订，导致在客户资料中查找不到该客人的预订信息。

四、修改预订

修改预订错误，需要将预订中的姓名修改为英文。修改后，再次使用中文姓名"杨康"在客户资料中查找，系统仍然显示没有这位客人信息。然后，再使用英文姓名"Yang Kang"在客户资料中查找，系统显示有"杨康"这位客人的信息。

任务巩固

郭靖在长沙AA大酒店预订了一间豪华大床房。酒店使用中文名"郭靖"为其办理了预订。请分别使用中文姓名"郭靖"和英文姓名"Guo Jing"在客户资料中查找。

任务3-4　预订结果查找

任务导入

郭靖在长沙AA大酒店成功预订了一间豪华大床房，前台预订员在系统里面查找确认客人的预订信息。

任务实施

客户资料是预订的基础,每个预订必须与一个客户资料相关联。如果客人是第一次预订,Fidelio 系统会自动建立一个资料,并将预订中的相应信息复制到资料中,预订是客人资料的主要来源;如果客人是再次预订,则系统不会为客人建立新的客户资料,而是将预订关联至客人已有的客户资料上,每一次酒店与客户发生业务往来,系统都会更新客户资料信息,以保证客户统计信息的准确性。

一、客人状态

每次预订完成,Fidelio 系统都会生成一条新的预订。单击【更新预订(Update Reservation)】按钮,该预订的初始状态为【预期到达(Expected)】,表明预订处于有效状态,客人将在未来某日到达酒店(图 3-4-1)。

图 3-4-1 预订完成后,初始状态为【预期到达】

二、生成客户资料

客人第一次预订后,单击【客户资料(Profile)】按钮,Fidelio 系统会自动生成客户资料(个人类型),同时建立预订与客户资料之间的关联(图 3-4-2)。

图 3-4-2 初次预订完成后,系统自动生成客户资料(个人类型)

三、变更客户未来预订信息

单击【客户资料(Profile)】按钮,用户可以在【未来预订(Future)】中查询该客户的未来预订(图 3-4-3)。

酒店信息管理系统

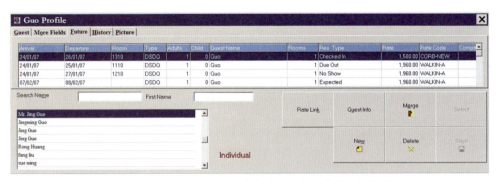

图 3-4-3 预订完成后，系统自动更新客人未来预订信息

任务巩固

黄蓉在长沙 AA 大酒店成功预订了一间豪华大床房，请在酒店信息管理系统里面查找确认客人的预订信息。

客房预订 Opera 系统操作流程

项目对接

一、对接世界技能大赛"酒店接待"项目

要求：使用 Opera 系统完成项目 3 的相关任务。

对比总结表

迁移要点/主要内容	Fidelio	Opera
基本预订	【New Reservation】→输入客人的【Name】【First Name】→【Search】→已建立客户档案的，进入【预订信息录入】，输入加粗字体客户信息（Guest Name、Arrival、Departure、Rooms、Rate Code、Rm. Type、ReserveY Type、Market、Source）→【Rate Query】→【Select】，完成价格确定	【Reservation】→输入客人的【Name】【First】→【OK】→已建立客户档案的，进入【预订信息录入】，输入加粗字体客户信息（Name、First、Arrival、Nights、Departure、Adults、Rooms Type、Rate Code、Res. Type、Market、Source、Origin、Payment、Booker Name、Booker Details）→【Rate Query Details】→【OK】，完成价格确定
预订结果查找	【Update Reservation】，预订状态为【Expected】→【Profile】→【Future】，查看预订结果	【Update Reservation】，预订状态为【Expected】→【Profile】，查看预订结果

二、对接"1+X"证书模块

思考以下问题：
(1)在为客人办理预订时，如何根据现有房情、房型、房价和客人的喜好，合理销售房间？
(2)在为客人办理预订时，如何根据客人的特殊要求，提供相应的额外服务？

项目评价

知识评价表

评价内容	评价标准	分值	测评对象		
			自评	组评	师评
基本预订流程的认知	正确认知其基本含义	20			
菜单及功能键的选择	准确选择菜单及快捷键	20			
功能键的操作	熟练操作，逻辑性强	60			
总分		100			
个人反思：					

项目笔记

项目 4

预订进阶

项目导学

学习目标

> 素质目标
1. 培养学生利用系统资料为客户提供优质服务的意识；
2. 培养学生"顾客就是上帝"的服务理念；
3. 培养学生的工匠精神和敬业精神。
> 知识目标
1. 掌握考虑客户资料情况下的预订及客户资料关联错误时的补救方法；
2. 熟悉预订修改、预订取消、预订激活的操作；
3. 深入了解预订查询、预订修改、预订取消与客户状态变化的关系。
> 技能目标
1. 熟练掌握多人预订与多次预订的操作；
2. 熟练掌握预订修改、预订取消、预订激活的操作。

任务 4-1　多人预订与多次预订办理

任务导入

1. 多人预订

有一位客人王刚（A），多次入住酒店；近期，另外一位同名同姓客人王刚（B）在网上办理了长沙 AA 酒店预订，由于酒店员工操作失误，将王刚(B)当作了王刚(A)，结果王刚(B)的预订信息覆盖了王刚(A)的信息。

2. 多次预订

会展前两天，到店客人非常多，接待员正遇上王刚办理预订，接待员在给王刚办理预订时发现已经有叫王刚的客人，但客源住地与以往的登记信息有区别，来不及详细核查，便直接将王刚作为新客户办理了预订。

任务实施

根据以上任务的描述，使用 Fidelio 系统实施任务。

前台接待员发现酒店客户资料中存在同一个客人几个客户资料(后续简称"一对多")，同时，也存在有些客人的资料与其他客人的资料完全相同，多个客人混用同一个客户资料(后续简称"多对一")。因操作失误会产生"一对多"与"多对一"的情况。

假设来自北京的王刚先生(称为王刚 A)的客户资料信息(表 4-1-1)为

姓名：王刚［称为王刚(A)］　　地址：北京海淀区清华路

最近光临时间：2020－05－01　　上次入住客房：2301

消费历史：4 次入住合计消费 4 500 元

表 4-1-1　酒店客户信息表(个人)

序号	英文姓名	中文姓名	客人类型	国籍	联系方式	等级
1	Wang Gang	王刚	个人	中国	154﹡﹡﹡﹡﹡﹡﹡﹡	1

一、多次预订的办理——出错后产生"一对多"

会展前两天，到店客人非常多，特别是电话接待也很繁忙，接待员正遇上王刚办理预订，接待员在给王刚办理预订时发现已经有叫王刚的客人，但客源住地与以往的登记的信息有区别，来不及详细核查，便直接将王刚作为新客户办理了预订。这样就让王刚在系统中有了一个新的客户资料，产生了"一对多"的情形。

二、多人预订的办理——出错后产生"多对一"

一天后，另外一位同名同姓客人王刚(B)在网上办理了长沙 AA 大酒店预订，由于酒店员工操作失误，将王刚(B)当作了王刚(A)，结果王刚(B)的预订信息记入到了王刚(A)的客户资料中，在系统中产生了"多对一"情况，系统自动更新后，王刚(B)的入住信息覆盖了王刚(A)的信息。

客户资料是酒店信息化运行的基础，是酒店顾客在 PMS 中的映射。预订和客户资料之间的关系如下：

(1)客户资料是预订的基础，每个预订必须与一个客户资料关联。

(2)预订是客户资料信息的主要来源。

(3)如果客人再次预订，系统不会为客人建立新的客户资料，而是将预订关联至已有的客户资料上。

(4)客人与酒店发生的业务都会反映在客户资料中。

当客人实施预订时，预订信息会记录在客户资料的未来预订中；当业务完成、酒店产生收益后,消费信息会反映在客人的消费历史中,PMS 同时对客人的统计信息进行更新;如果酒店了解到客人更详细的信息,如顾客的喜好、生日等信息,也可以将信息录入 PMS 中,以便酒店经营和服务。

客户资料就是顾客在 PMS 中的映射,客户资料的信息越完善、越准确,就可以对酒店经营和服务提供越多的支持。在 Fidelio 和所有的 PMS 中,客户资料是 PMS 运行的基础。客户资料应当满足以下原则:一个客人有且仅有一个客户资料(One Guest,One Profile),简称"一对一"。

在实际接待中如何区别"多人预订与多次预订"?

某日,预订员接待了王刚,为王刚完成了预订,但结果可能有如下情况。

(1)同一个客人王刚多次预订并办理入住,结果每次接待员都将他当作新客户,即产生了"一对多"。系统会产生客人信息分散存储的情况,对酒店的数据统计造成影响。假设王刚三次入住酒店共计消费 18 000 元,但由于出现了"一对多"的情况,18 000 元的消费额将分散存储于3个客户资料中,结果酒店将本来消费能力为 18 000 元的高潜力客人误认为是仅有 6 000 元消费能力的客人,从而造成决策失误(图 4-1-1)。另外,生成了许多不必要的客户资料,会形成大量垃圾数据,影响系统运行速度。

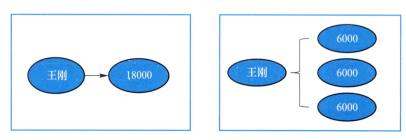

图 4-1-1 错误的资料操作造成"一对多"

(2)多个客人对应一个客户资料,即"多对一",从而导致信息丢失和混乱(图 4-1-2)。

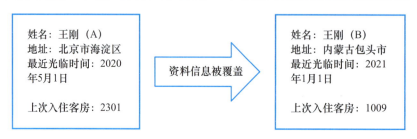

图 4-1-2 "多对一"会造成客户资料的覆盖

办理预订的实际操作中要尽可能准确地判断每一位客人的身份。如果客人是第一次预订,则一定要为客人建立新的客户资料,让新客人有自己的客户资料,形成客人和客户资料的一一对应;如果客人不是第一次到店,则应找到这位客人已存在的资料,将新的预订与已有客户资料进行关联,只要严格按以上步骤来做,就可以避免产生各种客户资料的错误。

(3)大量同名客户资料的存在。

在实际工作过程中,会遇到不易区别的情况。如图 4-1-3 所示,当一位姓名为"王刚

(Wang Gang)"的客人预订时,在系统中能查找到多个符合条件的客户资料,但无法在短时间内判断到底哪个资料才是客人的,如果逐个去确认将花费大量的时间,从而影响预订速度。

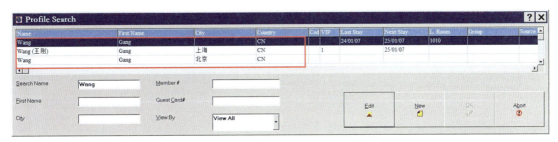

图 4-1-3 系统中有多个符合条件的客房资料

在这种情况下,选择以下两种方式,都可以快速办理预订,但易造成错误。

选择一,为节省客户等待时间,直接新建一个客户资料,即单击【New Profile】按钮。这样可能会带来以下两种结果。

1)客人王刚确实是第一次到店,满足了"一对一原则",操作正确。

2)客人王刚不是第一次到店,意味着酒店已经有客人王刚的资料,又新建了一个客户王刚资料,造成了"一对多"的后果。

多人预订与多次预订

选择二,快速选择一个已经存在的客户王刚资料,在此资料的基础上生成预订。这样也会有以下两种结果。

1)客人王刚(B)虽然不是第一次来酒店,但所选择的客户王刚(B)资料恰好是这位客人的资料,操作满足"一对一原则"。

2)客人王刚(B)是第一次来,而此顾客王刚(B)的预订被建立在一个已经存在的客户王刚(A)资料上;或者王刚(B)并不是第一次来,但所选的资料并不是该客人王刚(B)的,则会出现"多对一"的后果。

对比两种后果后会发现,在同名情况比较多的情况下,第二种选择出错的概率较大,而且更重要的问题在于选择二所造成的后果是"多对一",而从前面的分析可以得知,"多对一"是一种不可以弥补的错误。因此,当由于时间的原因而不能立刻确认客人身份时,应采用第一种选择:直接新建一个客户资料,这样操作造成的损失最小。

任务巩固

为三位来自不同地区的王刚办理预订手续(表 4-1-2)。

表 4-1-2 酒店客户信息表

序号	英文姓名	中文姓名	客人类型	城市	联系方式	等级
1	Wang Gang	王刚	个人	北京市海淀区清华路	189********	V3
2	Wang Gang	王刚	个人	北京市海淀区黄平路	189********	V3
3	Wang Gang	王刚	个人	黑龙江省密山市	154********	V2

任务 4-2　预订与错误关联处理

任务导入

今天上午酒店客人相对较少，前台接待员想着前面入住的王刚信息可能有误，因此仔细核对了两个王刚的客户资料，发现他们就是一个人，马上对王刚的信息做了合并处理。

任务实施

根据以上任务的描述，使用 Fidelio 系统实施任务。

本任务主要强调严格按预订正确的流程办理相关业务。

使用大堂副经理账户登录系统，菜单栏中选择【Reservations】→【Profiles】，在弹出对话框中的【Search Name】中输入"Wang"，【First Name】中输入"Gang"，系统会列出所有名字为"Wang Gang"（王刚）的客人资料，仔细核对他们的相关资料，在确定是"一对多"即同一个客户有两份以上的客户资料的情况下，在客户资料列表中选择要合并的其中一个"Wang Gang"（王刚），双击此记录，在弹出对话框中单击右下角的【合并（Merge）】按钮，在新弹出对话框中的【Search Name】中输入"Wang"，搜索到下一个"Wang Gang"（王刚），在列表框中选定要合并的"Wang Gang"（王刚），将弹出合并前资料对比对话框，单击【Yes】按钮完成客户资料的合并（图 4-2-1、图 4-2-2）。

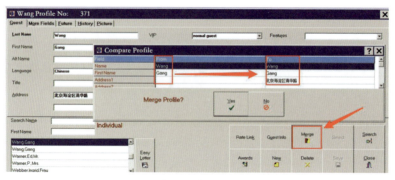

图 4-2-1　客户王刚资料即将合并操作图

图 4-2-2　完成合并客户资料

完整的预订流程如图 4-2-3 所示。

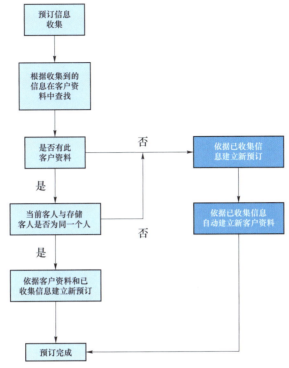

图 4-2-3　考虑客户资料情况下的完整预订流程

一、新建预订

调用【新建预订（New Reservation）】功能。

二、查找客户资料

在【新建预订（New Reservation）】对话框输入预订信息进行查找，如果不存在满足条件的预订，则自动进入【预订信息录入】对话框；如果存在满足条件的预订，则自动进入【存在资料（Existing Profiles）】对话框（图 4-2-4、表 4-2-1）。

预订与客户资料
错误补救

图 4-2-4　【存在资料】对话框

表 4-2-1 【存在资料(Existing Profiles)】对话框按钮功能说明

按钮	功能	说明
New Profile	新建预订，生成新的客户资料	新建一个客户资料，同时生成一个预订。适用于预订客人为第一次来，不存在客户资料的情况
New Resv.	新建预订，将预订关联到当前选中的客户资料	在当前选中的客户资料的基础上，新建一个预订。适用于预订客人为回头客，存在客户资料的情况
Profile	查看客户资料	查看当前选定的客户资料，常用在不能判断哪个资料为当前客人时，通过单击查看更多详细信息而判断客人身份
Future	未来预订	查看选定客人未来的预订
Search	再次查找	再次进行查找
Close	关闭对话框	关闭对话框

三、判断预订客人是否存在客户资料

在【存在资料(Existing Profiles)】对话框中，预订员应仔细审核预订客人信息和查找到的客户资料的匹配关系。在实际工作中，常用的信息有身份证号码、护照号码、电话号码、家庭住址等。

(1)确定预订客人与当前客户资料匹配后，应单击【新建预订(New Resv.)】按钮，建立预订与该客户资料之间的关联并完成预订。

(2)确定预订客人与当前客户资料不匹配时，应选择下一条客户资料并继续审核，直到找到匹配的客户资料。

(3)如果直到最后一条客户资料，依然没有找到匹配的，则可以确定预订客人为第一次来，此时应单击【新建资料(New Profile)】按钮为客人新建预订，并生成一个新的客户资料。

(4)如果对话框中显示的信息过于简略，难以判断是否匹配，可以单击【查看客户资料(Profile)】按钮，查看更详细的客户资料。

无论单击【新建资料(New Profile)】按钮还是【新建预订(New Resv.)】按钮，系统都将进入预订信息的录入阶段。

任务巩固

王刚先生在长沙 AA 酒店前台办理入住时，接待员工主动欢迎客人："王刚先生，欢迎您第四次入住我们酒店，您上次 1 月 4 日入住时，下榻在 2505 豪华套房，您今天还住老地

方吗?"王刚先生满脸诧异:"我已经有三年没来长沙了。"旁边王刚的太太沉思半天之后说:"1月4日你不是去新加坡开会了吗?怎么你却在长沙?"之后愤怒离去。随后王刚先生生气地投诉了酒店服务。

(1)试分析该情况发生的原因。

(2)酒店应该通过哪些方法来避免此类事件的发生?

任务 4-3　预订资料的管理与维护

任务导入

1. 预订的查找与修改

接到预订客人王刚的电话,要求修改到店日期,推迟一天到店。

2. 预订的取消与激活

会展的第二天,王刚接到公司通知要回上海出差,因此他提前办理了退房手续,但 14:00 的时候他打电话重新预订一个标间,但在 16:10 的时候说怕时间来不及,要求先取消预订,一个小时后又重新打电话要求恢复预订,并要求最好预订原来的房间。

任务实施

根据以上任务的描述,使用 Fidelio 系统实施任务。

当客人与酒店联系,要求对预订做出修改时,预订员首先要快速且准确地找到预订信息,确定之后再作修改,系统必须准确记录修改的内容并更新预订报表。与此同时,预订修改的时间、操作员、修改前后的内容等信息都要准确记录,便于日后查询。预订员应该能随时按照客户需求,为客户办理预订的查询、变更、取消与恢复等服务工作。

一、预订查找与修改

无论预订过程是否顺利,预订查询、预订修改、预订取消和预订激活都是常见的客人需求。

选择菜单栏中【预订(Reservations)】→【更新预订(Update Reservation)】选项,或单击主功能键【预订(Reservations)】→【更新预订(Update Reservation)】子功能键,或使用快捷键 Ctrl+U,以上 3 种均可调用预订查找功能。调用成功之后,即可看到【预订查询(Reservation Search)】对话框(图 4-3-1)。【更新预订(Update Reservation)】的查询对话框与【新建预订(New Reservation)】的查询对话框非常相似,不同之处在于查询的范围不同,即【新建预订(New Reservation)】的查找范围为全部个人客户资料(Individual Profile),而【更新预订(Update Reservation)】的查找范围为全部预订(Reservations)。

图 4-3-1 【预订查询】对话框

1. 调用【预订查询(Reservation Search)】，查找王刚先生的预订信息

在【预订查询(Reservation Search)】对话框输入王刚的某个信息，如姓名、公司名或预订编号等，单击【查找(Search)】按钮即可进行搜索(本次操作填入的搜索条件为"王刚")。如果未找到满足条件的预订，系统将弹出【新建预订确认(Confirmation)】对话框，提示用户未找到满足条件的预订，并询问是否新建预订，用户可以单击【是(Yes)】按钮来新建一个预订，也可以单击【否(No)】按钮中止操作；当存在满足条件的预订时，系统会弹出【更新预订(Update Reservation)】对话框，本例已经存在王刚的预订信息(图 4-3-2)。至此已经完成王刚的预订查找。

图 4-3-2 客户预订信息查询结果

2. 预订修改(Reseveration Edit)

在【更新预订(Update Reseveration)】对话框中，王刚如果要求对其预订的相关信息进行修改，操作员可以按王刚的要求，在此对话框中，单击【修改(Edit)】按钮，进入【预订信息】对话框(图 4-3-3)，查看详细的预订信息。预订员可以直接输入需要修改的预订信息，本例中修改了到店日期。与王刚沟通，确认输入无误后，单击【确定(OK)】按钮，完成预订查看和修改操作。

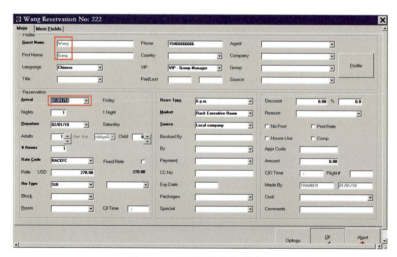

图 4-3-3 【预订信息】对话框

完成预订信息修改，再次确认输入无误后，单击【确定(OK)】按钮就能结束预订修改操作。

注意：随着我国酒店业的快速发展，行业淡季、旺季变化频繁，酒店价格波动成为常态。另外，酒店不但淡季、旺季价格差别很大，甚至不同时间预订客房的价格也有不同，如提前一星期预订上海某五星级酒店10月1日的客房价格为1 600元，而9月30日价格仅有1 280元，到了9月29日，如果预订的是该酒店9月30日的客房，则预订价格涨为1 390元，本例中变更了入住时间，会产生一些费用上的变化，操作员也一并要与客户沟通，不然会引起客户不满，甚至会导致客户投诉。

从操作的角度来看，预订修改是一项很简单的操作，但在酒店实际经营中，预订修改是一件需要谨慎对待的事情，尤其是预订价格的修改，往往需要预订员谨慎操作。

优秀的PMS，如Fidelio、Opera、西湖软件等，具备价格管理的功能，当预订日期、价格代码等发生变化时，预订价格也会发生相应变化，但这一功能的实现需要市场营销部或预订部管理人员提前对PMS进行专业的设定。这一功能被称为PMS价格管理，是酒店收益管理的前提和基础。

二、预订取消与激活

调用【预订查找(Reservation Search)】功能，操作成功后出现【更新预订(Update Reservation)】对话框（图4-3-4）。

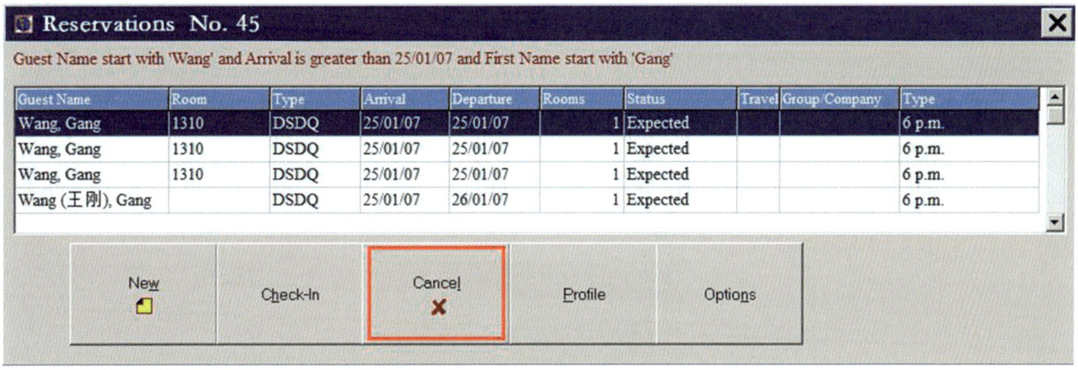

图4-3-4 【更新预订】对话框

在【更新预订(Update Reservation)】对话框中，【客人状态(Guest Status)】将决定下方【取消/激活(Cancel/Reactivate)】按钮的状态。

1. 预订取消(Reservation Cancel)

为王刚办理预订取消时，首先查看预订状态是否为【预期到达(Expected)】，只有状态是【预期到达(Expected)】时才能办理此项业务，此时【取消(Cancel)】按钮为可操作状态。单击【取消(Cancel)】按钮，进入【预订取消原因(Cancel reservation?)】对话框（图4-3-5），取消王刚的预订，还须在【原因(Reasons)】下拉框中选择取消原因。本例选择一个应客户要求取消的原因，

图4-3-5 【预订取消原因】对话框

单击【确定(OK)】按钮完成预订取消操作。

需要注意的是，酒店需要树立这样的理念，即"客人花时间通知酒店取消所做的预订"是对酒店极大的帮助。这样酒店可以将房间继续出租，同时可以更好地控制酒店客房留存数量。基于此，酒店预订部应该尽可能提供快速有效的"取消预订服务"。不要认为"客人取消预订就是减少了本应该已经得到的收入"，否则酒店可能会得罪一个善意并对于酒店曾经大有帮助的客人。酒店提供的取消方法越便捷，客人行程有变时通知酒店的概率就越高。

2. 预订激活(Reactivate)

同样在【更新预订(Update Reservation)】对话框页面上操作，将王刚的预订取消项选定，此时其预订信息为【取消(Canceled)】，而【激活(Reactivate)】按钮为活动可操作状态(图 4-3-6)。单击【激活(Reactivate)】按钮，即可看到【预订激活确认】对话框(图 4-3-7)，单击【确定(Yes)】按钮，王刚预订的信息状态会变为【预期到达(Expected)】(图 4-3-8)，确认无误后单击【OK】按钮即可完成预订激活操作。

完成预订激活操作后，预订取消、激活的过程，包括操作员及操作时间都会被 PMS 自动记录下来。完成预订激活操作后，单击【关闭(Close)】按钮，关闭【更新预订(Update Reservation)】对话框。

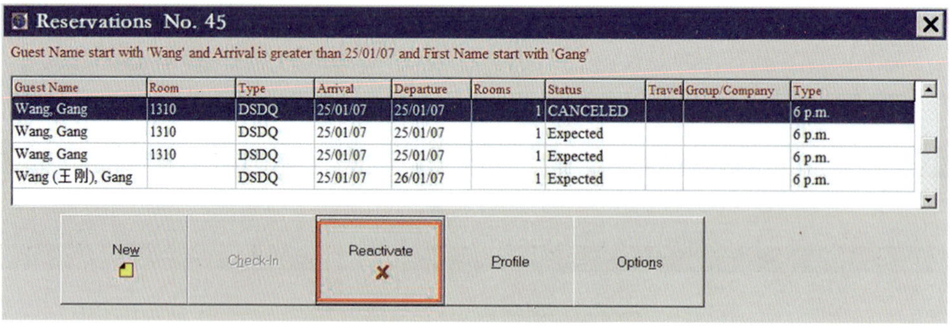

图 4-3-6 【更新预订】对话框，预订状态为【取消】时，按钮为【激活】

图 4-3-7 【预订激活确认】对话框

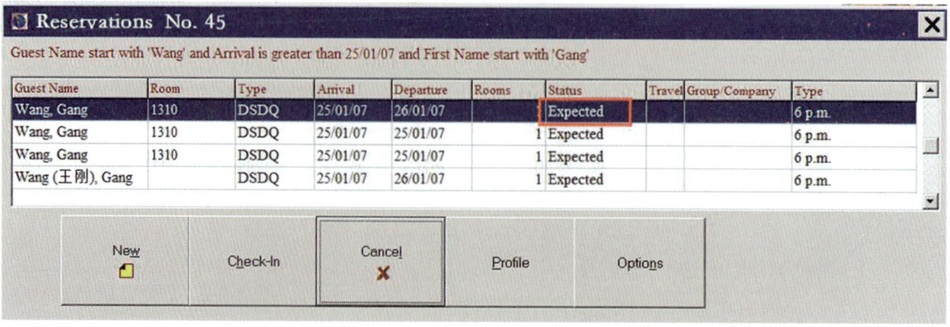

图 4-3-8 预订激活操作后，预订状态恢复为【预期到达】，激活过程会被记录

任务巩固

查询预订、修改预订、取消预订。

查询王刚的信息,并找出信息的不同之处,分析产生的后果。若北京的王刚是同一人,只是住地有两个,则对王刚的预订信息进行修改、取消、激活的操作。

预订进阶 Opera 系统操作流程

项目对接

一、对接世界技能大赛"酒店接待"项目

要求:使用 Opera 系统完成项目 4 的相关任务。

对比总结表

迁移要点/主要内容	Fidelio	Opera
新增预订	【Reservations】→【Search】客户信息 →【Existing Profiles】→【New Resv.】	【Reservations】→【Search】客户信息 →【Existing Profiles】→【New Resv.】
新增客户资料	【Reservations】→【Search】客户信息→【Existing Profiles】→【New Profile】	【Reservations】→【Search】客户信息→【Existing Profiles】→【New Profile】
客户资料合并	【Reservations】→【Profile】→【Search】客户 A 资料信息 1→【Merge】→【Search】客户 B 资料信息→【Compare Profile】→【Merge Profile?】【Yes】/【No】	【Profile Options】→【Merge】选中要保留的客户 A→进入【Options】的【Merge】→查找被合并的客户 B→选中该档案→单击【Merge】都会完成合并

二、对接"1+X"证书模块

思考以下问题:

(1)在为客人办理入住时发生了预订与客户关联的错误,该如何补救?

(2)如果酒店员工对客人的资料输入有误,导致客人不满意或投诉,如何进行投诉处理并最大限度满足客人?

项目评价

知识评价表

评价内容	评价标准	分值	测评对象		
			自评	组评	师评
预订进阶的认知	正确认知相关菜单及基本含义	20			
菜单及快捷键的选择	准确选择菜单及快捷键	20			
功能键的操作	熟练操作、逻辑性强	60			
总分		100			
个人反思:					

项目笔记

项目 5

接待入住

项目导学

学习目标

➢ 素质目标
1. 培养积极主动、真诚热情的服务理念;
2. 培养认真、耐心、细致的工作态度。

➢ 知识目标
1. 熟悉 Fidelio 系统与 Opera 系统接待入住的办理知识;
2. 掌握预订日入住、提前入住和无预订入住的办理流程;
3. 掌握房间的分配与选择流程;
4. 掌握在店客人信息的查询与核对流程。

➢ 技能目标
能根据岗位服务流程与规范在一定时间内为三种类型的客人办理接待入住。

任务 5-1 基本入住的办理

任务导入

中国国际旅行社员工王刚来到酒店,前台为他办理入住(表 5-1-1)。

表 5-1-1　长沙 AA 酒店客户信息表(个人)

序号 No.	英文姓 Last Name	英文名 First Name	中文名 Chinese Name	来源 Source	国籍 Nationality	联系方式 Phone	等级 VIP
1	Wang	Gang	王刚	旅行社	中国	154********	1

根据客人入住办理的三种类型，将本任务拆分成三个子任务。

1. 预订日入住办理

王刚为参加长沙国际车展，之前预订了本酒店的房间，他在预订日期到达酒店，前台为他办理入住。

2. 提前入住办理

王刚为参加长沙国际车展，之前预订了本酒店的房间，但他提前到达了酒店，要求前台为他办理入住。

3. 无预订入住办理

王刚初次来到本酒店，没有经过预订直接来到前台办理入住。

任务实施

按照客人是否有预订及预订日期与到店日期的先后关系，入住客人可以被分为三个类型，即预订日入住、提前入住和无预订入住。根据以上任务的描述，使用 Fidelio 系统实施任务。

一、预订日入住办理

1. 调用【到达者(Arrivals)】功能

方法一：选择【前台(Front Desk)】主菜单→【到达者(Arrivals)】子菜单。

方法二：单击【前台(Front Desk)】→【到达者(Arrivals)】功能键。

方法三：使用快捷键 Ctrl＋A，弹出【到达者(Arrivals)】对话框。

以上 3 种方法皆可调用【到达者(Arrivals)】功能(图 5-1-1)。

预订日入住和无预订入住的办理

图 5-1-1　调用【到达者】功能

2. 查找预订

在【到达者（Arrivals）】对话框中输入信息，如客人姓氏（Name）、客人名字（First Name）、公司（Company）、旅行社（Agent）、团队（Group）等（图 5-1-2），单击【查找（Search）】按钮进行查找。

图 5-1-2　使用【查找】功能进行一般查找

也可以单击【高级查找（Advance）】按钮，输入更多的查询条件进行精确查找（图 5-1-3）。

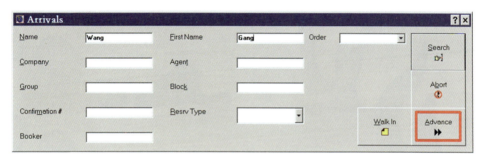

图 5-1-3　使用【高级查找】功能进行高级查找

注意：在【到达者（Arrivals）】查找中，Fidelio 对预订进行两次搜索。第一次搜索的范围是本日所有预期到达的客人，即"Guest Status＝Expected"和"Arrival＝Today"；第二次搜索的范围是所有从今往后的客人（包含今天），即"Arrival＝From Now on Including Today"。

3. 办理入住

在【到达者（Arrivals）】对话框选中预订，并单击【入住（Check-in）】按钮，即可为客人办理后续的入住手续（图 5-1-4）。

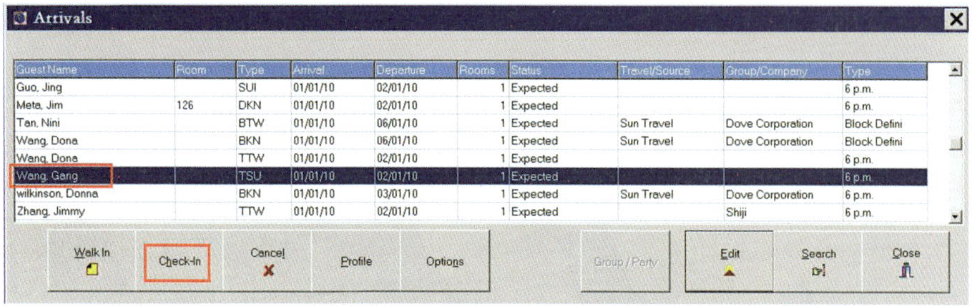

图 5-1-4　选中预订为客人办理入住

(1)分房、排房。

方法一：单击【分房(Room Block)】按钮，选择系统自动提供的一个待租房，直接单击【确定(OK)】按钮来接受默认房号(图5-1-5)。

方法二：单击【分房(Room Block)】按钮，单击房号右侧的下拉按钮来手动分房(图5-1-6)。

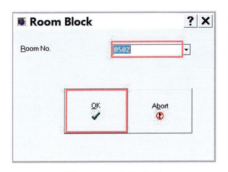 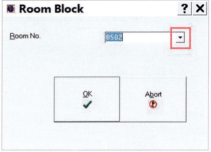

图 5-1-5　自动分房　　　　　　　图 5-1-6　手动分房

(2)确认支付方式。

单击【支付方式(Payment Method)】按钮，弹出【支付方式(Payment Method)】对话框(图5-1-7、图5-1-8)。

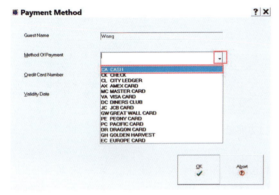 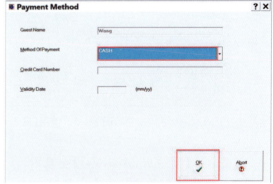

图 5-1-7　选择支付方式　　　　　　图 5-1-8　确认支付方式

输入【客人姓名(Guest Name)】，选择【支付方式(Method Of Payment)】，可供选择的有【现金(Cash)】【支票(Check)】【信用卡】等。如使用信用卡支付，需要输入【信用卡号码(Credit Card Number)】及【有效日期(Validity Date)】【信用限额(Approval Amount)】。

【信用限额(Approval Amount)】为客人使用信用卡作为支付方式时特有，通常被称为预授权，即酒店在客户的信用账单上预留一笔经授权的金额，用来保证支付酒店的费用。其计算方式，常用的有以下3种：

①LOS×(Rate+Amount)：客人入住期间总费用+固定数值。例如，客人入住3天，房费为1 960元，固定数值为500元，则信用额度=3×(1 960+500)=7 380(元)。

②Amount：定额，即一个固定的费用。

③Percentage：百分比，根据客人入住期间预期费用的百分比来计算信用额度，例如，客人入住3天，房费为1 960元，酒店需要1.5倍的信用额度，则信用额度=3×1 960×1.5=8 820(元)。

(3)制作房卡。

单击【制作房卡(Door Keys)】按钮，在弹出的对话框中，选择数量(图5-1-9)。

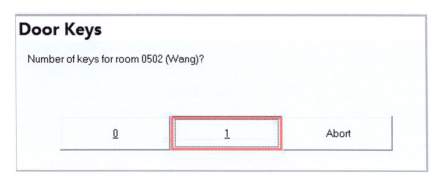

图 5-1-9 制作房卡

注意：当某房间预订客人为1人时，系统弹出的【制作房卡(Door Keys)】对话框中最大房卡数量为"1"；当预订客人为两人时，系统弹出的【制作房卡(Door Keys)】对话框中最大房卡数量会变为"2"。

(4)单击【确定】按钮完成入住办理(图5-1-10)。

注意：入住办理成功后，接待员需要与客人核对信息，确保信息无误。

图 5-1-10 办理入住成功

二、提前入住办理

1. 找到客人的预订信息

(1)在【到达者(Arrivals)】对话框中，输入客人姓氏(Name)、客人名字(First Name)等信息，单击【高级查找(Advance)】按钮(图5-1-11)。

提前入住的办理

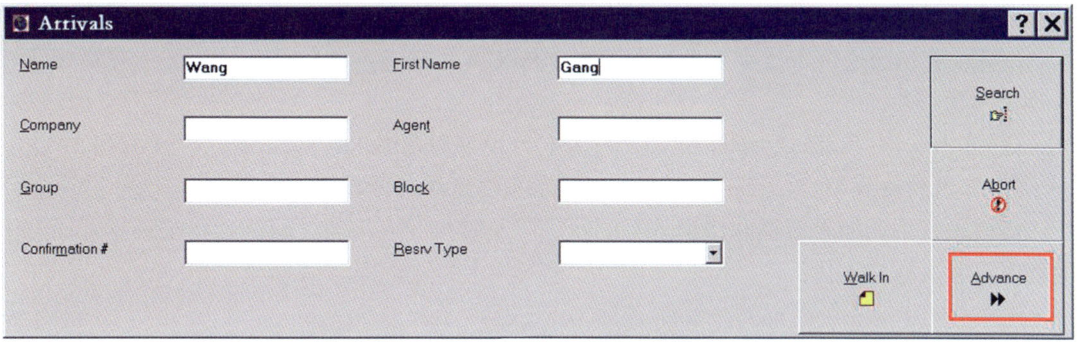

图 5-1-11 输入客人姓名使用【高级查找】功能

(2)在弹出的对话框中，再输入以下查询条件：公司(Company)、旅行社(Agent)、团队(Group)、联系方式(Telephone)等信息。单击【All Reservations】按钮进行第二次查找，可以准确找到客人的预订信息(图5-1-12)。

图 5-1-12　找到客人的预订信息

2. 修改客人的预订到达日期为到达的当天

单击【修改(Edit)】按钮，修改客人的预订到达日期为到达的当天(图 5-1-13、图 5-1-14)。

图 5-1-13　修改预订

图 5-1-14　修改到达日期

注意：在 Fidelio 中，客人需要同时满足以下两个条件，【到达者(Arrivals)】对话框中【入住(Check-in)】按钮才处于可用状态，前台接待员才可以单击【入住(Check-in)】按钮为客人办理入住手续：

(1)客人状态(Status)＝Expected，即客人为预期到达客人。

(2)客人到达日期(Arrival)＝Today，即客人的预订到达日期为今天。

修改预订后，如果价格和房型等有更新，应及时与客人沟通、确认，并按照预订日入住的程序为客人办理入住。

三、无预订入住办理

1. 新建预订信息

(1)在【到达者(Arrivals)】对话框中，输入客人姓氏(Name)、客人名字(First Name)等信息，单击【Walk in】为客人建立预订信息(图 5-1-15、图 5-1-16)。

在弹出的对话框中输入"入住日期(Arrival)"为当天。

图 5-1-15　输入客人姓名使用【Walk in】功能

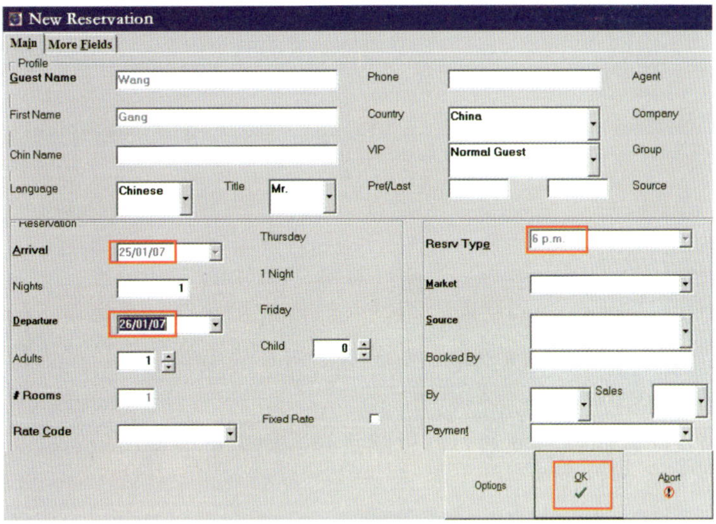

图 5-1-16　新建预订信息

(2)预定类型(Reservation Type)选择"6 p.m."。

(3)房间数量(Rooms)选择"1"。

2. 按照预订日入住的流程为客人办理入住

单击【确定(OK)】按钮，按照预订日入住的流程为客人办理入住。

任务巩固

(1)根据表 5-1-2 信息建立一个公司档案。

表 5-1-2　公司信息

公司名称 Company	湖南兰天集团汽车有限公司	英文名称 Company	Hunan Lantian Group Automobile Co. Ltd (Lantian)
公司地址 Dress	Changsha Road Number 558，Yuhua，Changsha	邮政编码 Post Code	410102
电子邮箱 Email	Lantian@Lantian.org	联系人 Contact	屈总监
电话 Phone	400－815－＊＊＊＊转＊＊＊＊	价格代码 Rate Code	Corp Rate B

（2）根据表5-1-3信息建立预订（注意预订客人的抵店时间，后面及任务5-2、任务5-3的题目均与此有关）。

表 5-1-3　预订信息

姓名(Name)	屈婷(Qu Ting)	张果(Zhang Guo)	贾亮(Jia Liang)
等级(VIP)	3级	3级	0
成人(Adults)	1人	2人	1人
房型(Room Type)	套房(SUD)	高级双床房(DTW)	高级大床房(DKN)
房间数量(Number Of Rooms)	1间	1间	1间
抵店日期(Arrival)	当日	当日	2020－09－30
离店日期(Departure)	次日	次日	2020－10－2
联系方式(Phone)	136 ********	0731－ ********	0731－ ********
价格代码(Rate Code)	兰天公司协议客人	通过携程网预订	Rack

（3）为上述三位客人办理入住。

①使用【Update Reservation】功能，不输入任何查找条件，直接单击【Search】按钮，能查找到几个预订？使用【Arrivals】功能，不输入任何查找条件，直接单击【Search】按钮，能查找到几个预订？两次查找是否存在不同？

②为屈婷(Qu Ting)办理入住手续，房间号码由系统自动分配，支付方式为现金，支付800元作为入住押金，制作1张房卡。

③张果(Zhang Guo)由于公务提前到达酒店，为他办理入住手续（注意：评估价格是否需要变动），他的离店时间依然为次日，支付方式为支票，为他制作两张房卡。

④上门散客贾亮(Jia Liang)由于没有预订，直接到前台办理入住，使用无预订入住功能为其办理手续，入住高级大床房(DKN)，住店时间为当日，次日退房，支付方式为现金。

任务 5-2　房间的分配与选择

任务导入

王刚在办理入住时，对预订的房型不太满意，提出调换房间，前台接待员告知他需要先查询有无理想的房间可换，并且会产生一些额外的费用。

任务实施

根据以上任务的描述，使用Fidelio系统实施任务。

一、房间的分配

1. 自动分房

大多数情况下，Fidelio系统会根据客人预订的房型，查找所有满足房型要求且房态为"Vacant Clean(VC，空净)"的客房，并自动选择数字最小的一间分配给客人（图5-2-1）。

项目 5　接待入住

图 5-2-1　自动分房

2. 手动分房

单击【Room Block】对话框右侧的下拉按钮，查找所有满足条件的房间(图 5-2-2)。

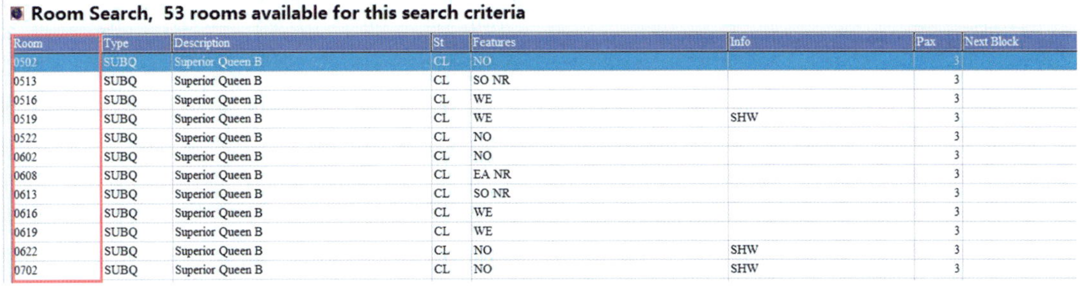

图 5-2-2　满足条件的房间

要与客人进行沟通，了解客人的换房需求，提供待选房方案，告知可能出现的房价变化等，选择客人满意的房间，单击【选择(Select)】按钮完成分房操作(图 5-2-3)。

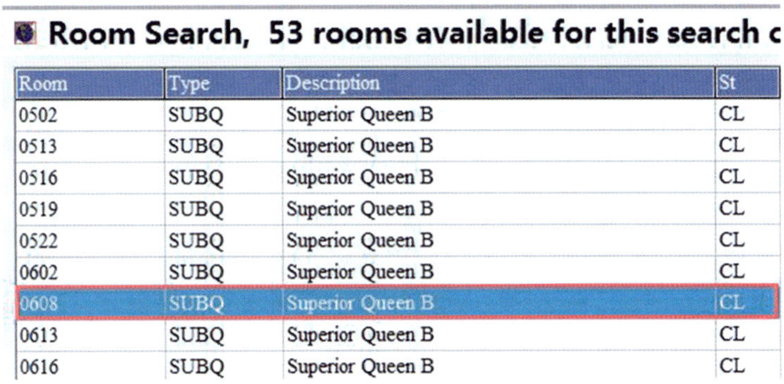

图 5-2-3　选择客人满意的房间

二、房间的选择

在系统自动分房的基础上，如果出现某些实际情况，前台接待员则需要手动分房。如客人对客房的大小、类型、周围的噪声、舒适程度、地理位置等不满意，接待员在与客人沟通过程中，应了解客人的喜好和其他需求而主动推销其他房型。如客人提前入住，而预订的房型无可用房，或客房的设施设备出现故障，影响到客户使用等，也应为客人调整房间。

房间的分配与选择

> 任务巩固

张果因房间空调故障，要求改住酒店的商务套房，请查看酒店实时房态，确认能否安排并说明原因，如可用则为其换房（张果的入住情况见任务 5-1）。

任务 5-3　客人入住信息的核对

> 任务导入

王刚成功办理完入住手续后，前台接待员再次核对他的入住信息，并向王刚确认。

> 任务实施

根据以上任务的描述，使用 Fidelio 系统实施任务。

一、调用【在店客人(In-House Guests)】功能

方法一：选择【前台(Front Desk)】主菜单→【在店客人(In-House Guests)】子菜单。
方法二：单击【前台(Front Desk)】功能键→【在店客人(In-House Guests)】功能键。
方法三：使用快捷键 Ctrl＋I。

以上 3 种方法均可调用【在店客人(In-House Guests)】功能，调用成功之后即可看到【在店客人查询(In House Guest Search)】对话框（图 5-3-1）。

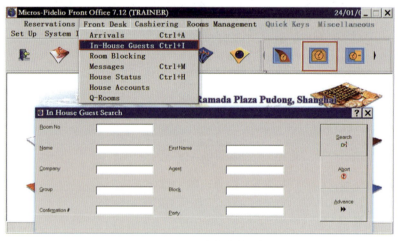

图 5-3-1　调用【在店客人】功能

二、查找在店客人

在【在店客人查询(In House Guest Search)】对话框中输入客人房号(Room No.)、客人姓氏(Name)、客人名字(First Name)、所属公司(Company)、旅行社(Agent)等信息查询，或单击【高级查询(Advance)】按钮输入更多条件进行查找（图 5-3-2）。

项目 5　接待入住

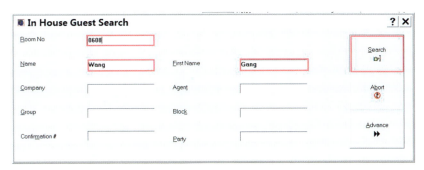

图 5-3-2　查找在店客人

三、与客人进行信息核对

找到满足条件的客人后，系统弹出客人的详细入住信息（图 5-3-3），与客人进行入住信息的核对和确认。

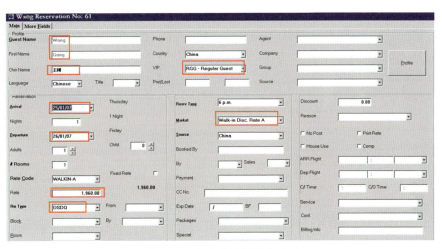

图 5-3-3　与客人进行信息核对

> **任务巩固**

根据任务 5-1 及任务 5-2 的相关信息，完成以下两项工作。

（1）使用快捷键调用【In-House Guests】功能查看三位客人的状态，并查看三位客人的房号，分别为：屈婷（　　）、张果（　　）、贾亮（　　）。

（2）使用快捷键 Ctrl＋F 调用【Floor Plan（楼层信息）】功能查看所有房态信息，查看三人所住客房状态，分别为：屈婷（　　）、张果（　　）、贾亮（　　）。

> **项目对接**

一、对接世界技能大赛"酒店接待"项目

要求：使用 Opera 系统完成项目 5 的相关任务。

接待入住 Opera 操作流程

对比总结表

迁移要点/主要内容	Fidelio	Opera
接待入住	包括入住办理、分房和入住信息确认等功能模块	包括入住办理、分房和入住信息确认等功能模块
入住办理	【Front Desk】→【Arrivals】→【Search】→【Check-in】→【Room Block】→【Payment Method】→【Door Keys】	【Front Desk】→【Arrivals】→【Search】→【Edit】→【Check-in】→【Room Block】→【Payment Method】→【Door Keys】
客房的分配与选择	【Room Block】→【Room Search】	【Room Block】→【Room Search】→【Room Move】
入住信息确认	【In-House Guests】→【In House Guests Search】→【In House】	【In-House Guests】→【In House Guests Search】→【In House】

二、对接"1＋X"证书模块

思考以下问题：

(1)首旅集团"1＋X"前台运营管理职业技能等级证书(初级)技能操作考试试卷(二)操作试题：

考核内容：按标准接待散客入住。

考核要求：模拟散客入住登记，1人扮演客人，1人扮演前台接待员。

今天是11月10日，王莉女士(身份证号码：3090091997＊＊＊＊＊＊＊，上海虹桥人，联系电话：135＊＊＊＊＊＊＊＊)没有预订，到酒店直接办理入住。11月10日入住，11月11日离开酒店。酒店只有三间客房：大床房，房价400元，房号8301；豪华大床房，房价是500元，房号8501；行政套房，房价是600，房号8801。以上房价均含早餐，自助餐厅在一楼。王女士准备用现金支付，酒店规定押金按照房费的1.5倍收取。

(2)在为客人办理入住时，应该如何与客人沟通，并通过哪些服务让客人感受到尊重？

(3)如果客人对房间的分配有不满或异议，如何进行妥善处理并最大限度满足客人的要求？

项目评价

知识评价表

评价内容	评价标准	分值	测评对象 自评	测评对象 组评	测评对象 师评
接待入住的认知	正确认知相关菜单及基本含义	20			

续表

评价内容	评价标准	分值	测评对象		
			自评	组评	师评
菜单及快捷键的选择	准确选择菜单及快捷键	20			
功能键的操作	熟练操作、逻辑性强	60			
总分		100			
个人反思：					

项目笔记

_____
_____
_____
_____
_____
_____

项目 6

在店服务

项目导学

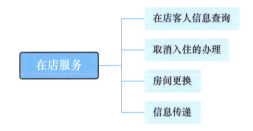

学习目标

➤ 素质目标
1. 培养积极主动、吃苦耐劳的服务理念；
2. 培养仔细认真、精益求精的工作态度；
3. 培养诚信服务、尽职尽责的良好品质。

➤ 知识目标
1. 熟悉在店客人查询操作流程；
2. 熟悉取消入住操作流程；
3. 熟悉换房操作流程；
4. 熟悉信息传递操作流程；
5. 熟悉并掌握世界技能大赛中关于在店服务的操作知识；
6. 熟悉并掌握"1＋X"证书中在店客人的知识模块。

➤ 技能目标
1. 能操作在店客人信息查询、取消入住和换房；
2. 能运用 PMS 进行信息传递。

任务 6-1　在店客人信息查询

任务导入

使用系统【在店客人(In-House Guests)】功能,对郭靖、黄蓉两位在店客人的基本信息进行查询。客户信息如表 6-1-1～表 6-1-3 所示。

表 6-1-1　长沙 AA 酒店客户信息表(个人)

序号 No.	英文姓名 English Name	中文姓名 Chinese Name	来源 Source	国籍 Nationality	联系方式 Phone	等级 VIP
1	Guo Jing	郭靖	个人	中国	138********	V4
2	Huang Rong	黄蓉	个人	中国	137********	V4

表 6-1-2　长沙 AA 酒店客户信息表 1

英文姓 Last Name	Guo	英文名 First Name	Jing
中文姓名 Chinese Name	郭靖	头衔 Title	先生(Mr)
语言 Language	中文(Chinese)	联系方式 Phone	138********
VIP	V4	国家 Country	CN(China)
入住日期 Arrival	1 月 9 日	价格代码 Rate Code	门市价(Rack)
离店日期 Departure	1 月 10 日	房型 Room Type	豪华大床房(DKN)

表 6-1-3　长沙 AA 酒店客户信息表 2

英文姓 Last Name	Huang	英文名 First Name	Rong
中文姓名 Chinese Name	黄蓉	头衔 Title	女士(Mrs)
语言 Language	中文(Chinese)	联系方式 Phone	137********
VIP	V4	国家 Country	CN(China)
入住日期 Arrival	1 月 9 日	价格代码 Rate Code	门市价(Rack)
离店日期 Departure	1 月 10 日	房型 Room Type	豪华大床房(DKN)

任务实施

根据以上任务，使用 Fidelio 系统实施任务。

一、调用【在店客人(In-House Guests)】功能

(1)选择【前台(Front Desk)】主菜单→【在店客人(In-House Guests)】子菜单。
(2)单击【前台(Front Desk)】功能键→【在店客人(In-House Guests)】功能键。
(3)使用快捷键 Ctrl＋I。

以上三种方法均可调用【在店客人(In-House Guests)】功能，调用成功之后即可看到【在店客人查询(In House Guest Search)】对话框(图 6-1-1)。

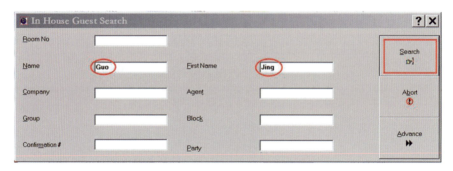

图 6-1-1　【在店客人查询】对话框

二、查找在店客人

【在店客人查询(In House Guest Search)】对话框用来查找在店客人。用户可以输入客人房号(Room No.)、客人姓(Name)、名字(First Name)、所属公司(Company)、旅行社(Agent)等信息进行查询，也可以单击【高级查询(Advance)】按钮输入更多条件进行查找。找到满足条件的客人后，系统弹出【在店客人列表(In House)】对话框(图 6-1-2)。

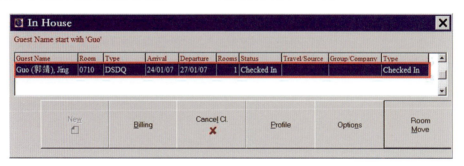

图 6-1-2　【在店客人列表】对话框

【在店客人列表(In House)】对话框可用来完成对在店客人的操作，该对话框与【修改预订(Update Reservation)】和【到达者(Arrivals)】功能选择对话框非常相似，接待员可以进行查看和修改、取消入住、换房和账单操作。

> 任务巩固

请在操作系统中运用多种方法完成郭靖、黄蓉的客户信息查询。

任务 6-2　取消入住的办理

> 任务导入

郭靖和黄蓉都办理了入住手续，但因公司临时有事，需要取消入住。

> 任务实施

根据以上任务的描述，使用 Fidelio 系统实施任务。

一、取消入住操作的前提

取消入住操作需要两个前提：一是客人不能发生费用，即客人账目余额为零；二是客人入住当天办理取消入住操作。

取消入住

二、取消入住的操作流程

（1）在【在店客人列表（In House）】对话框中选中需要取消入住的客人（客人应满足取消入住操作的条件），单击【取消入住（Cancel CI）】按钮。

（2）在弹出的【预订取消确认】对话框中（图 6-2-1），单击【是（Yes）】按钮，确认取消操作。

（3）在弹出的【房态修改确认】对话框中（图 6-2-2），应该根据实际情况进行选择。单击【是（Yes）】按钮，客房状态将从【清洁（Clean）】变为【脏房（Dirty）】；单击【否（No）】按钮，客房状态依然保持【清洁（Clean）】。

图 6-2-1　【预订取消确认】对话框

图 6-2-2　【房态修改确认】对话框

(4)在弹出的【客房预留确认】对话框中(图6-2-3)，前台员工应根据实际情况确定是否需要为客人预留所住客房。单击【是(Yes)】按钮，客房将被预留给客人；单击【否(No)】按钮，客房可以另行分配。取消入住操作完成之后，客人状态由在住变成预期到达。

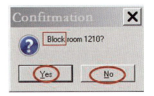

图 6-2-3 【客房预留确认】对话框

任务巩固

11月20日，AA酒店的前台接待员李莉在接待北京旅游团时，误将未到客人孟松登记为入住，经接待领班王萌核对后，撤销孟松的入住并恢复至预订状态，请完成相关操作。

任务 6-3　房间更换

任务导入

郭靖和黄蓉两位客人办完事后重返酒店，都办理了入住手续。郭靖尚未进入客房，因临时变动，郭靖要在酒店房间举办一个小型会议，所住标准间不能满足需求，请求更换房间，将房型由标准房更换为套房。黄蓉进入房间后发现客房不够清洁，要求更换房间，房型不变。

任务实施

根据以上任务描述，使用Fidelio系统实施任务。

一、换房原因

为客人办理入住手续之后，客人有可能因为各种原因提出换房要求，如客房设施不能满足客人需要、客房有异味、客房楼层不合适等，此时前台员工可以使用【换房(Room Move)】操作来为客人办理换房手续。

二、换房操作流程

(1)在【在店客人列表(In House)】对话框中，选中需要换房的客人，单击【换房(Room Move)】按钮，进入【换房操作(Room Move)】对话框(图6-3-1)。

换房操作

图 6-3-1　进入【换房操作】对话框

项目 6　在店服务

(2)在【换房操作(Room Move)】对话框的【目标房号(Room No.)】选择框中输入房号,也可以单击右侧按钮进行手动分配。

(3)在【换房原因(Reason)】选择框中选择换房原因(图 6-3-2)。

(4)单击【是(Yes)】按钮确认换房。

(5)在【房态修改确认】和【客房预留确认】对话框操作中,根据实际情况操作。

任务巩固

11 月 20 日,客人方琼女士来到 AA 酒店前台,要求换房,原来方女士在入住时要求不吸烟房间,可是进房后发现房内有烟味,接待员李莉核实后确认是酒店的失误,于是立即为方女士更换无烟房,请完成相关操作。

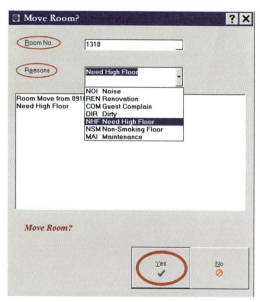

图 6-3-2　换房号码及原因

任务 6-4　信息传递

任务导入

郭靖要求在住期间给黄蓉留言,并送花给她作为感谢礼物,但因为联系不上黄蓉,所以委托酒店通过客人方位功能找到她并通知她及时回电话。

任务实施

根据以上任务描述,使用 Fidelio 系统实施任务。

在 Fidelio 中有 3 种信息传递操作,即留言(Messages)、跟踪(Traces)和客人方位(Locator)。

PMS 信息传递

一、留言(Messages)

【留言(Messages)】功能用于酒店员工向酒店客人传递信息。

(1)在【在店客人列表(In House)】对话框中,选中需要留言的在店客人,单击【选项(Options)】按钮,进入【预订选项(Reservation Options)】对话框(图 6-4-1)。

(2)单击【留言(Messages)】按钮,进入【消息留言】操作对话框(图 6-4-2),用户可以选择新建消息(New)、删除消息(Delete)、消息打

图 6-4-1　【预订选项】对话框

印(Print)、消息状态切换(Received/Not Received)、留言灯切换(Lamp On/Off)等功能。当有新留言给客人时，可以单击【新建留言（New）】按钮，进入【新建留言（Guest New Message）】对话框(图 6-4-3)。

图 6-4-2　【消息留言】操作对话框

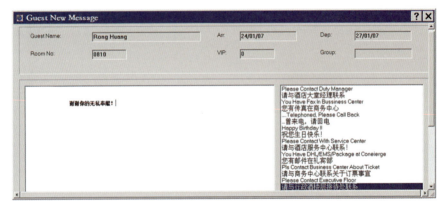

图 6-4-3　【新建留言】对话框

（3）在【新建留言(Guest New Message)】对话框中，用户可以直接在左侧信息输入框中输入留言内容，也可以在右侧预设留言中直接选择设定好的留言内容，在确认内容无误后，单击【保存(Save)】按钮保存留言。

（4）返回【消息留言】操作对话框，客户留言已经更新，单击【关闭(Close)】按钮退出对话框(图 6-4-4)。

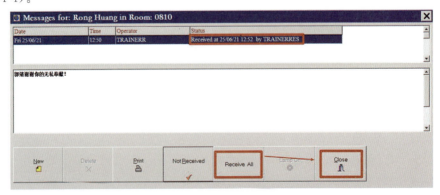

图 6-4-4　回到【消息留言】操作对话框

二、跟踪(Traces)

【跟踪(Traces)】功能可用于酒店员工之间传递信息，信息内容为对客人服务要求执行的情况。

(1)在【在店客人列表(In House)】对话框中，选中需要留言的在店客人，单击【选项(Options)】按钮，进入【预订选项(Reservation Options)】对话框(与留言操作相同)。

(2)单击【跟踪(Traces)】按钮，进入【跟踪操作】对话框(图 6-4-5)，在其中用户可以完成新建跟踪（New）、修改跟踪（Edit）、删除跟踪（Delete）、跟踪状态切换（Resolve/Not Resolve)操作。当有客人的服务要求需要跟踪时，员工可以单击【新建跟踪(New)】按钮，进入【新建跟踪】对话框(图 6-4-6)。

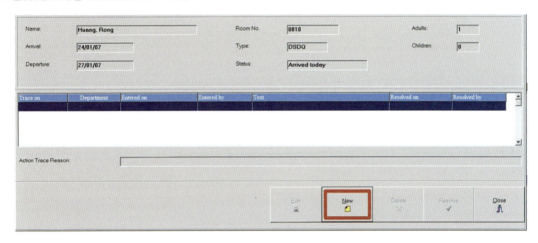

图 6-4-5 【跟踪操作】对话框

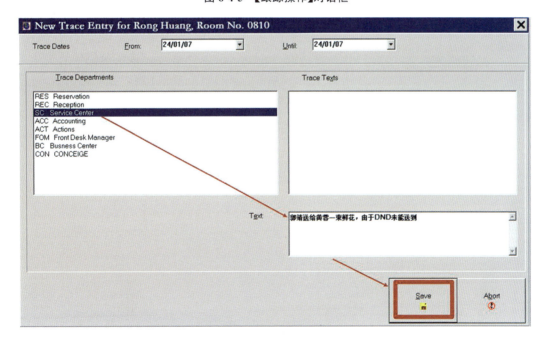

图 6-4-6 【新建跟踪】对话框

(3)与留言功能不同,由于跟踪功能的发送对象为酒店员工,所以需要在【新建跟踪】对话框选择接收该跟踪的部门;在跟踪文字中输入相应内容,单击【保存(Save)】按钮完成输入,回到【跟踪(Traces)】操作对话框(图6-4-7)。

(4)此时,客户跟踪已经更新,单击【关闭(Close)】按钮退出。

图6-4-7 【跟踪(Traces)】操作对话框

三、客人方位(Locator)

【客人方位(Locator)】功能用于酒店员工之间传递信息,信息内容是客人在酒店的地点信息。

(1)在【在店客人列表(In House)】对话框中,选中需要设置的在店客人,单击【选项(Options)】按钮,进入【预订选项(Reservation Options)】对话框(与留言操作相同)。

(2)单击【方位(Locator)】按钮(图6-4-8),进入【方位操作(Guest Locator)】对话框,用户可以完成添加方位(New)、删除方位(Delete)操作。当有客人的新方位信息时,员工可以在【方位列表(Location List)】中双击相应地点,客人新的方位信息即被添加,出现在左侧方位(Location)中。

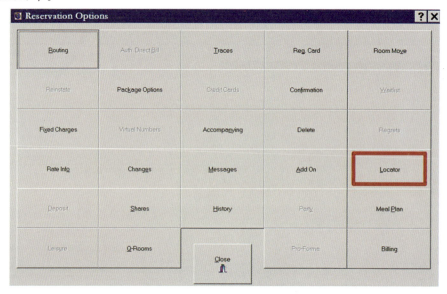

图6-4-8 【预订选项】对话框

(3)在【方位(Guest Locator)】操作对话框中,单击【确定(OK)】按钮完成方位操作(图 6-4-9)。

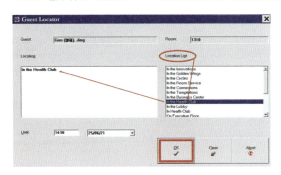

图 6-4-9　客人方位设置

> 任务巩固

根据案例,完成相关操作:

前台:您好,AA 大酒店前台,有什么可以帮您的?

客人:我是 1101 房的郭靖。五点半到六点我会在二楼的中餐厅用餐,其间如果有人找我,请让他直接到餐厅或将电话转至餐厅。

前台:请稍候(查看计算机核对客人信息),郭先生,五点半到六点,您在二楼中餐厅用餐,如果有客人找您,我们一定会告知的。请问郭先生,还有什么可以为您效劳的?

客人:没有了,谢谢!

前台:不用谢。

在店服务 Opera
系统操作流程

> 项目对接

一、对接世界技能大赛"酒店接待"项目

要求:使用 Opera 系统完成项目 6 的相关任务。

对比总结表

迁移要点/ 主要内容	Fidelio	Opera
在店客人 信息查询	【Front Desk】→【In-House Guests】→【Search】 (或【Advanced】)	【Front Desk】→【In-House Guests】→【Search】 (或【Advanced】)
取消入住 的办理	【Front Desk】→【In-House Guests】(选定取消入住的客人和房号)→【Cancel CI】→【Yes】→更新房态	【Front Desk】→【In-House Guests】(选定取消入住的客人和房号)→【Cancel CI】→【Yes】→更新房态
房间更换	【Front Desk】→【In-House Guests】→【Option】→【Room Move】(含目标房号、换房原因等)→【Yes】	【Front Desk】→【In-House Guests】→【Option】→【Room Move】(含目标房号、换房原因等)→【Yes】
留言	【Front Desk】→【In-House Guests】→【Option】→【Messages】→【New】(输入留言内容)→【Save】→【Close】	【Front Desk】→【In-House Guests】→【Option】→【Messages】→【OK】→【Close】

续表

迁移要点/主要内容	Fidelio	Opera
跟踪	【Front Desk】→【In-House Guests】→【Option】→【Traces】→【New】(含接收部门、跟踪内容等)→【Close】	【Front Desk】→【In-House Guests】→【Option】→【Traces】→【New】(含日期、部门、内容等)→【Close】
客人方位	【Front Desk】→【In-House Guests】→【Option】→【Locator】→【New】(含客人方位设置)→【OK】	【Front Desk】→【In-House Guests】→【Option】→【Locator】→【New】(含日期、时间段、客人所处方位等)→【Close】

二、对接"1+X"证书模块

要求：思考以下问题。

(1)根据前台运营管理职业技能(初级、中级、高级)要求，访客接待时，如何按要求正确做到给客人的留言服务？在宾客信息安全管理时，如何合理科学地利用方位功能？如何调整更新房态，提高客房出租率，掌握酒店客房管理系统房态的实时数据？

(2)请看下列案例，按要求完成相关操作。

前台：您好，AA酒店前台，有什么可以帮您的？

客人：你好，帮我查一下我们公司的黄蓉女士入住了没有。

前台：请问先生您是？

客人：我是1101房的郭靖。

前台：请稍等(查看计算机)，郭先生，黄蓉女士目前还没有办理入住手续，您是否需要留言？

客人：好的，请你在她入住时转告：明天上午9点，我会在酒店大堂接她去黄花机场。

前台：郭先生，请留一下您的联系方式。

客人：138ˇˇˇˇˇˇˇˇ。

前台：郭先生，明天上午9点，您会在酒店大堂接黄蓉女士去黄花机场，手机号码是138ˇˇˇˇˇˇˇˇ。我们会在客人入住时立即转达。

客人：好的，谢谢！

前台：不用谢，感谢您的来电！

请在Opera系统上完成相关操作。

项目评价

知识评价表

评价内容	评价标准	分值	测评对象		
			自评	组评	师评
"在店客人"的主要菜单与功能键的认知	正确认知相关菜单及基本含义	20			
菜单及快捷键的选择	准确选择菜单及快捷键	20			
功能键的操作	熟练操作、逻辑性强	60			
总分		100			
个人反思：					

项目 6　在店服务

项目笔记

项目 7

收银与结账离店

项目导学

学习目标

➢ 素质目标

1. 具备诚信服务的专业素养；
2. 具备灵活应变、荣辱不惊的素质；
3. 具备对计算机熟练应用的专业素养，熟练应用系统资料为客户提供快速而准确的服务；
4. 具备"岗课赛证"深度对接的融合知识，具备酒店服务的综合素质。

➢ 知识目标

1. 了解收银账户登录与退出的流程；
2. 熟练掌握 Fidelio 系统与 Opera 系统预订保证金的收取程序与注意事项；
3. 熟练掌握 Fidelio 系统与 Opera 系统账户的抛账、修改账目与冲销、恢复入住等操作流程；
4. 熟练掌握 Fidelio 系统与 Opera 系统的分账、劈账、账目调整、转账、提前付账等操作流程与注意事项；
5. 熟练掌握 Fidelio 系统与 Opera 系统的结账离店。

➢ 技能目标

1. 能熟练操作账户的登录与退出、账单查看，进行客房预订与销售；
2. 能熟练操作预订保证金的收取、抛账、修改账目、删除账目、抵消账目、恢复入住；
3. 能操作分账、劈账、账目调整、转账与提前付账；
4. 能熟练办理结账离店手续。

任务 7-1　抛账与账单查看

任务导入

1. 账单折扣办理

客人张文杰在前台办理入住时,发现哥哥张文豪是按照携程预订价预订的,感觉吃了亏,于是找前台经理理论,要求给自己打折,通过双方沟通后,前台经理按 VIP2 协议价为张文杰办理了入住。

2. 信用卡预授权

前台人员要求张文杰缴纳 500 元押金,张文杰与哥哥张文豪协商后决定,张文杰所有的费用由哥哥张文豪支付,同时以张文豪名义做一个 500 元 Visa 卡的预授权,经酒店与张文豪确认无误后,为张文杰办理预订保证金全录入及预授权。

3. 押金不足处理

傍晚,前台人员检查客人余额,发现张文杰房间余额不足,前台人员及时向张文杰催收 300 元押金,并禁止张文杰在餐厅挂账,在张文杰缴纳押金后解除了挂账限制。根据案例要求,为张文杰办理押金手续。

4. 婴儿床抛账

丁小波是南车时代汽车公司代表,应邀前来参加本届汽车博览会,已办理入住,丁小波的妻子和孩子周末到达酒店,她们与丁小波同住一个房间,房费由丁小波支付,同时要求酒店外加一张婴儿床。根据丁小波的要求,为丁小波一家办理婴儿床抛账等。

任务实施

根据以上任务的描述,使用 Fidelio 系统实施任务。

一、收银账户登录与查看账单

(一)收银账户登录

财务管理在企业管理中非常重要,所有涉及客人账户的操作都需要其授权许可。一方面出于财务安全的考虑,另一方面便于数据管理。

在 Fidelio 系统中,员工每一次操作客人账户时(如抛账、账单显示/打印、转账、折扣等)都需要登录账户。账户登录和普通登录类似。

账户基础

收银账户的登录与退出

(二)查看账单

Fidelio 系统中的账单(Billing)记录了客人账户所有消费明细。

(1)调用【账单(Billing)】功能。

1)选择【收银(Cashiering)】主菜单,找到【账单(Billing)】子菜单。

2)单击【收银(Cashiering)】功能键,找到【账单(Billing)】功能键。

3)使用快捷键(Ctrl+B)。

以上 3 种方法均可找到【账单(Billing)】,输入收银员账号、密码,登录后,即可看到【收银客户查找(Billing Guest Search)】对话框(图 7-1-1)。

图 7-1-1 【收银客户查找】对话框

(2)查找客人账单。【收银客户查找(Billing Guest Search)】对话框默认显示所有在店客人账户,即 Billing In House Guests,用户可以输入查找条件进一步进行查找。当用户需要变更查找范围时,可以通过复选框来调整查找的范围,每个复选项对应的范围如表 7-1-1 所示。

抛账对象的查找与抛账

表 7-1-1　客人查找范围变更选项表

编号	项目	解释	说明
1	默认情况(所有项目不作选择)	在店客人	显示在店客人,即 Guest Status=Checked In 或 Walk In 或 Due out 的客人
2	Expected Departures	(本日)预期离店	仅显示本日预期离店客人,用于快速寻找离店客人,即 Guest Status=Due Out
3	In-House and Checked Out	在店客人和(本日)离店客人	仅显示在店客人和本日离店客人
4	Checked Out Only	(本日)离店客人	仅显示今日离店客人
5	Pre-Arrivals	预期到达客人	显示今天及今天以后所有的预期到达客人,一般结合预期到达日期(Arrivals Date)项查找
6	Exclude"P"Rooms	排除 P 房间	在显示时排除 P 房间
7	Last Bill	上一份账单	操作最近一次打开的账单

(3)退出【客人账单】对话框。

二、预订保证金

为了保证预订的到达率,一些酒店要求顾客支付预订保证金,这种预订被称为担保预订(Guaranteed Reservation)。需要注意的是,针对一个担保预订,酒店不能从预订模块取消该预订。收取预订保证金的操作流程有四点:一是查看客人预订;二是调用预订保证金功能;三是支付预订保证金;四是确认支付。

(一)调用【预订保证金】功能

查看客人预订后,在【预订选项】对话框中单击【预付账单(Pre-Billing)】按钮,输入收银员密码后,系统弹出【预订账单】对话框(图7-1-2),单击【预订(Reservation)】按钮,即可进入【预订保证金支付(Reservation Deposit Payment)】对话框(图7-1-3)。

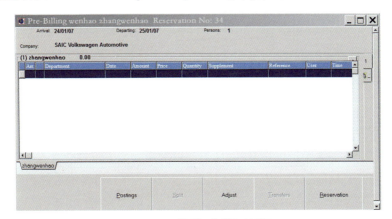

图 7-1-2 【预订账单】对话框

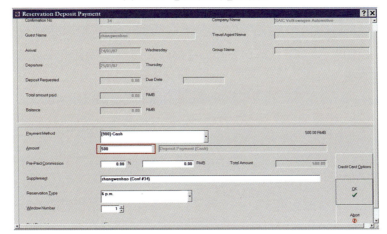

图 7-1-3 【预订保证金支付】对话框

(二)支付预订保证金

在【预订保证金支付(Reservation Deposit Payment)】对话框中,用户需输入以下信息:【支付方式】【订金金额(Amount)】,并修改客人预订类型(Reservation Type)为【担保预订】,单击【确定(OK)】按钮完成支付,返回【客人预订列表】对话框。

(三)确认支付

此时在【客人预订列表】对话框中,【客人预订类型】已经变为【担保预订(Gtd. Credit Card)】,尝试取消客人预订,系统会弹出【取消担保预订需先退还预订保证金】对话框(图 7-1-4)。

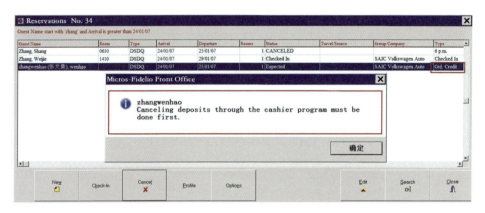

图 7-1-4　担保预订不可以被取消

三、抛账

查看客人账单后,在【手动抛账】对话框中,依次完成如下信息的录入。

(1)单击【消费项目(Dept)】列表框的下拉箭头,在弹出的列表中选择消费项目,如选择房租——Room Charge。

(2)录入【价格(Price)】和【数量(Quantity)】信息,如价格为每晚 798 元,数量为 1 间。

(3)在特殊的抛账操作中,需要输入【备注(Remarks)】或【引用(Reference)】信息,如输入负值账目时。

(4)确认输入正确,单击【抛账(Posting)】按钮。每一次抛账完一定要关注账单余额(Balance),如本次抛账的账户余额为 798 元。如果入账成功,消费账目会出现在上方列表框中;如果抛账有误,可以选择相应条目并单击【消除(Clean)】按钮来删除。

(5)重复以上四个步骤,依次录入所有账目。所有消费账目完成后,单击【关闭(Close)】按钮退出【手动抛账】对话框,录入的消费账单就会出现在相应的客人子账单中。如果在抛账前进行了【分账(Rounting)】操作,则录入的账目会添加至相应的子账单,而不是目前的活动账单中。

需要注意的是:从功能上来看,手动抛账(Manual Posting)与账单(Billing)中的抛账(Posting)完全相同。从酒店经营角度来看,手动抛账与账单存在两个区别:一是权限不同,即账单功能强大,但操作者一旦打开账单,其他操作员就无法对客人账单进行操作,手动抛账不会影响其他收银员操作;二是使用范围不同,不是所有收银员都能查看客人全部账单,而手动抛账不用打开账单就可以实现抛账操作。

四、批量抛账

在有些情况下,酒店需要将同团队相同金额的费用抛账到多位顾客,此时可以使用批量抛账功能。如餐厅自助早餐收银员，每天需要将 50 名客人 128 元的餐费计入客人账户。

对于团队抛账、批量抛账，可以通过选择团队名称的方式一次性完成。

批量抛账操作流程如下。

(一)调用【收银功能(Cashier Functions)】

(1)选择【收银(Cashiering)】菜单→【收银功能(Cashier Functions)】子菜单。

(2)单击【收银(Cashiering)】功能键→【收银功能(Cashier Functions)】子功能键。

调用成功后，即可看到【收银选项(Cashier Options)】对话框(图 7-1-5)。

图 7-1-5 【收银选项】对话框

(二)调用批量抛账(Batch Postings)

在【收银选项(Cashier Options)】对话框中单击【批量抛账(Batch Postings)】按钮，在【收银员登录】对话框中输入收银密码，即可看到【批量抛账(Batch Post)】对话框(图 7-1-6)。依次录入以下信息：

(1)【消费部门(Department)】，选择客人消费项目。

(2)【金额(Amount)】，输入客人消费金额。

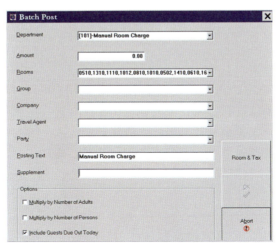

图 7-1-6 【批量抛账】对话框

(3)消费对象,可以在【客房(Rooms)】中选择多个房间,也可以在【团队(Group)】【公司(Company)】【旅行社(Travel Agent)】等输入框中选择,使得所有满足条件的客人均成为抛账对象。

(三)退出批量抛账

虽然批量抛账可以快速将大量账项计入客人账户,且操作简单、快捷,但速度越快、功能越强,出错的可能性也越大。

为了限制批量抛账的功能,防止批量抛账带来账目错误,酒店必须对批量抛账的使用做出规范。如万豪酒店集团(Marriott)的要求是除团队客人抛账以外,禁止使用批量抛账功能。

确认输入无误,单击【确定(OK)】按钮完成批量抛账。

五、修改账目

收银过程中可能会出现操作错误,【修改账目】可以对已经完成的抛账进行修正。修改操作流程如下。

(一)查看客人账单

使用【账单(Billing)】功能打开客人账单,选中需要修改的账目,双击打开【修改账目(Edit Transaction Details)】对话框(图7-1-7)。

图7-1-7 【修改账目】对话框

(二)修改账目

在【修改账目(Edit Transaction Details)】对话框中,用户可以对消费明细、金额、数量等信息进行修改。修改账目功能仅对本日抛账有效,一旦酒店夜审完毕,收银金额就已经计入酒店营业收入,该功能将不可使用,相应操作需要通过财务部门才能进行调整。确认信息无误后,单击【确定(OK)】按钮完成修改。

错误收银的补救方法

六、恢复入住

已经办理离店的客人,可以通过恢复入住(Reinstate)操作,将客人的离店(Checked Out)状态变为预期离店(Due Out)。

(1) 在 Fidelio 系统中调用【更新预订(Update Reservation)】功能，找到离店客人，单击【恢复入住(Reinstate)】按钮。

(2) 在【账单(Billing)】功能中，打开离店客人账单，单击【选项(Options)】按钮，在弹出的【预订选项(Reservation Options)】对话框中单击【恢复入住(Reinstate)】按钮(图 7-1-8)。

图 7-1-8 【恢复入住(Reinstate)】操作

完成恢复入住操作后，客人状态由离店(Checked Out)变为预期离店(Due Out)(图 7-1-9)。

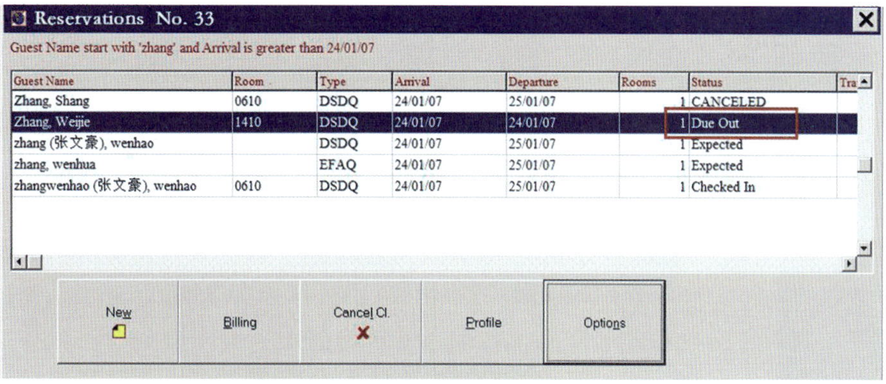

图 7-1-9 完成恢复入住(Reinstate)

从操作上看，【恢复入住(Reinstate)】和【取消入住(Cancel Check In)】相似，都是恢复上一阶段的操作。此类操作，一方面可以提高操作效率，快速恢复错误的操作；另一方面酒店必须对恢复入住进行仔细审核和严格限制，否则有可能产生收银漏洞。

任务巩固

(1) 中午，在店客人张文杰叫了一份客房送餐 50 元。请根据张文杰的要求为他抛账 50 元客房送餐。

(2)张文杰在午餐中发现一根头发,向酒店投诉餐厅卫生并拒付餐费,酒店餐厅经理为其重新安排一份午餐并签了Rebate(冲减费用)单,前台人员按规定执行了操作。给张文杰的客房送餐服务进行免单操作。

任务7-2　收银进阶

任务导入

中国国际旅行社向长沙AA酒店预订了一个团队。团队名称：比亚迪汽车工业有限公司；团号：CHI－20090001；标准间4间,房间单价每晚630元,豪华大床房2间,房间单价每晚680元,房费社付,杂费由员工自付。根据团队要求,为团队办理分账。

任务实施

根据以上任务的描述,使用Fidelio系统实施任务。

客人的账户操作除最简单的查看账单、抛账、离店等外,还包括账户操作。常见的是单客人账户操作和多客人账户操作。

单客人账户操作,即单客分账(Routing In Same Guest)、同客人账目转移(Transfer Same Guest)、账目调整(Adjust)、劈账(Split,也称拆账)。

多客人账户操作,即多客分账(Routing Between Different Guests)、异客转账(Transfer Between Different Guests)。

一、分账

客人可能不止使用一种支付方式来结算,分账(Routing)就是将客人的消费账目分为多份,每份账目记录客人的一部分消费账目,这样的账目被称为子账单(Windows),每份子账单可以使用不同的支付方式。如客人入住期间的房费由公司支付,而个人餐饮、Minibar等费用由个人支付(同客分账);或者在某些团队中,客人入住期间的房费和会议费用等由其他的客房支付,而Minibar消费等由自己支付(异客分账)。分账还支持某时段的账目分类,如某会议客人会期为两天,客人入住的前两天费用由会议组织者支付;而后两天客人自愿留住酒店,则后两天的费用由客人自行支付。客人可以在预订、接待或结账时提出分账操作。

(一)调用【分账(Routing)】功能

(1)在【更新预订(Update Reservations)】功能中,选中要分账的客人,单击【选项(Options)】→【分账(Routing)】按钮。

(2)在【在店客人(In-House Guests)】功能中,选中要分账的客人,单击【选项(Option)】→【分账(Routing)】按钮。

(3)在【账单(Billing)】功能中,选中要分账的客人,单击【选项(Options)】→【分账(Routing)】按钮。

调用成功后，即可看到【分账操作(Routing Charge)】对话框(图7-2-1)。

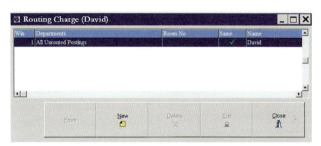

图 7-2-1 【分账操作】对话框

(二)进行分账操作

【分账操作(Routing Charge)】对话框显示了客人子账单的详细信息，包括子账单数量及账单信息，子账单列表中每一项条目都是客人的一份子账单。在该对话框中，用户可以进行【新建子账单(New)】【删除子账单(Delete)】【修改子账单(Edit)】操作。

1. 新建子账单

在【分账操作(Routing Charge)】对话框中单击【新建(New)】按钮，进入【新建子账单】对话框(图7-2-2)，依次输入：子账单编号(Window)、起止日期(Validity Dates. From，To，该日期默认为客人的入住和离店日期)，进入子账单的消费项目(Departments)，选择同房分账或差异房分账。

图 7-2-2 【新建子账单】对话框

同房分账的操作如下：在复选框中勾选【Bill View】，表明分账对象为同房，【分账对象房号(Other Room)】输入框为不可用状态，输入【姓名(Name)】即可确定分账对象(图7-2-3)，勾选表明是同房分账，需要选择分账账单。

差异房分账的操作如下：取消选中复选框【Bill View】，表明分账对象为差异房，【分账对象房号(Other Room)】输入框为可用状态，未勾选表明是差异房分账(图7-2-4)，需要选择分账的房号和客人。可以选择房号将费用转至其他客房中。

确定操作无误后，单击【确定（OK）】按钮完成操作，返回【分账操作（Routing Charge）】对话框。

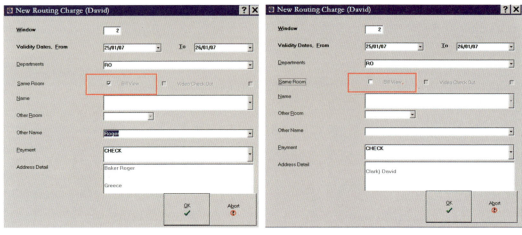

图 7-2-3 【新建子账单】对话框：同房分账　　图 7-2-4 【新建子账单】对话框：差异房分账

2. 删除子账单

在【分账操作（Routing Charge）】对话框中，用户可以单击【删除（Delete）】按钮删除已经建立的子账单。

3. 修改子账单

在【分账操作（Routing Charge）】对话框中，用户可以单击【修改（Edit）】按钮修改已经建立的子账单。修改子账单的操作界面和操作方法与新建子账单相同。

（三）退出和刷新子账单

确认所有分账操作无误后，单击【关闭（Close）】按钮退出分账操作，系统会刷新客人账户信息，将已经产生的所有账目归入不同子账单。分账操作既影响已经发生的账目，也影响尚未发生的账目。

二、劈账

劈账（Split）主要用于对选定的账目进行拆分，常用在一个以上的客人要求分摊消费时。劈账与分账的区别如表 7-2-1 所示。

表 7-2-1　劈账与分账的区别

项目	劈账	分账
操作对象	账目	账户
影响范围	仅对已经产生的账目有作用，且每次仅能操作一条记录	既对已经发生的账目起作用，也对未来发生的账目起作用，操作对象为批量记录
操作结果	将账目一分为二	将账目在子账单间移动

（一）查看客人账单

使用【账单（Billing）】功能打开客人账单，选中需要劈账的账目，单击【劈账（Split）】按钮打开【劈账操作（Split Amount）】对话框（图 7-2-5）。

项目 7　收银与结账离店

图 7-2-5　【劈账操作】对话框

（二）输入劈账金额

劈账会将客人账目由一条分为两条，而总金额不变，故可以总结为"一分为二，金额守恒"。

（三）完成劈账操作

在【劈账操作(Split Amount)】对话框中输入要分隔的金额，单击【确定(OK)】按钮完成操作。

三、账目调整

账目调整(Adjust)是对已经发生的账目进行调整，通常用于对已发生的账目进行补偿或折扣。尽管这些补偿或折扣可以通过直接过账(Posting)负值账目来完成，但账目调整可以自动完成批量账户的计算和过账操作，效率更高。

（一）查看客人账单

使用【账单(Billing)】功能打开客人账单，单击【账目调整(Adjust)】按钮，进入【Adjustments】对话框（图7-2-6）（注意：调整账目操作不需要先选中需要调整的账目）。

（二）进行调整操作

在【Adjustments】对话框中依次输入以下信息。

1. 确定调整范围

输入起止日期(From Date，To Date)、交易代码(Department Code)和子账单号(Window No.)，确定账目调整的范围，系统计算符合条件的账目总金额，并显示在下方【总金额(Total Amount)】栏中。

2. 确定折扣

用户可以在【折扣百分比(Discount Percentage)】对话框输入百分比来确定折扣，也可以在【折扣金额(Total Discount)】中直接输入折扣金额。操作无误后，单击【确定(OK)】按钮完成操作。

图 7-2-6　【Adjustments】对话框

（三）完成调整账目操作

完成账目调整操作后，系统并不是在原有账目上进行修改，而是增加一条新账目来抵消，因此可以总结为"增加一条，负账抵消"。

四、转账

转账(Transfer)用于对账目或结余进行转移操作，账目转移会影响两个账户，一个账户变动将抵消另一个账户的变动。转账可分为账目转移(Details Transfer)和结余转移(Balance Transfer)两种。两者所转移的对象不同，账目转移所转移的对象为账目，结余转移所转移的对象为余额。

(一)账目转移

1. 账目转移：直接选择转移

(1)确定转移账目。

确定转移的账目后，可以使用两种转账方法：一是使用鼠标拖放的方法完成转账；二是直接在【客户账单(Billing)】对话框中使用鼠标单击选中(图7-2-7)，确认需要转移的账目后，单击【转账(Transfers)】按钮，即可看到【转移对象选择(Billing Guests Search)】对话框。

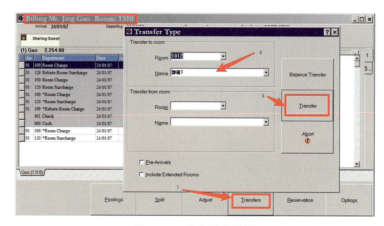

图7-2-7　确定转移账目

(2)确定转移对象。

在【转移对象选择(Billing Guests Search)】对话框中确定转移的目标客户，单击【选择(Select)】按钮完成转移(图7-2-8)。

图7-2-8　确定转账对象

(3)完成转账。

系统完成转账操作后会返回转账结果，显示转移的账目条数(图7-2-9)。账目转移的结果是将账目从一个客人移动到另一个客人，而总金额不变，即"此消彼长，总量守恒"。

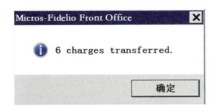

图 7-2-9　转账完成，返回转账的账目条数

2. 账目转移：批量选择转移

批量选择转移与直接选择转移的不同点在于选择账目的方法不同。

在【客户账单(Billing)】对话框，单击【转账(Transfer)】按钮，在弹出的【转移对象选择(Billing Guests Search)】对话框中，用户可以实现以下两种转移。

(1)将当前客房费用转至其他客房，在【目标房号(Transfer To Room)】对话框中输入房号和姓名(图 7-2-10)，单击【转账(Transfer)】按钮，进入【账目选择(Transfer To Selection)】对话框(图 7-2-11)。

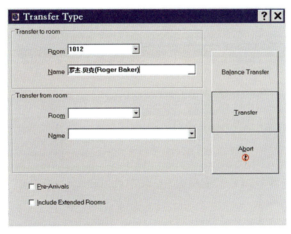

图 7-2-10　将当前客房费用转至其他客房，输入目标房号

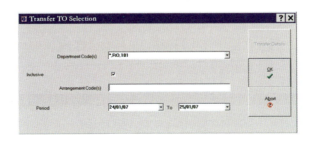

图 7-2-11　【账目选择】对话框(根据消费项目、起止时间来筛选项目)

(2)将其他客房费用转至当前客房，在【账源房号(Transfer From Room)】输入框中输入房号和姓名(图 7-2-12)，单击【转账(Transfer)】按钮，进入【账目选择(Transfer To Selection)】对话框(图 7-2-11)。在【账目选择(Transfer To Selection)】对话框中选择消费项

目,单击【消费代码(Department Code)】右侧下拉按钮选择输入起止日期来筛选要转移的账目,单击【确定(OK)】按钮完成操作。

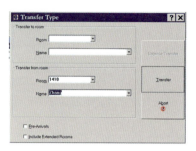

图 7-2-12　将其他客房费用转至当前客房,输入账源房号

(3)完成转账。

系统完成转账操作后返回转账结果,显示转移的账目条数。与直接选择转移相同,批量选择转移的结果是将账目从一个客人(账户)移动到另一个客人(账户),而总金额不变,即"此消彼长,总量守恒"(图 7-2-13)。

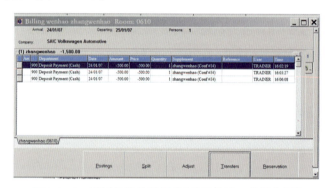

图 7-2-13　账目转移的结果是"此消彼长,总量守恒"

3. 退回转移

如果转移账目时发生了错误,可以使用退回转移来进行转移账目的退回操作。操作方法如下。

(1)调用【退回转移(RETURNS Selection)】功能。

在【客户账单(Billing)】对话框中单击【转移(Transfers)】→【退回(Return)】按钮,即可看到【退回转移(RETURNS Selection)】对话框(图 7-2-14)。

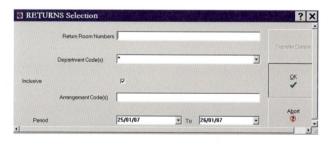

图 7-2-14　【退回转移】对话框

(2)确认退回账目。

在【退回转移(RETURNS Selection)】对话框中的【退回房间号码(Return Room Numbers)】对话框中输入房号,并通过【消费代码(Department Code)】和【时间段(Period)】确定所要退回账目的范围,单击【确定(OK)】按钮完成操作,系统弹出对话框显示被退回的账目条数。

(二)结余转移

与账目转移不同,结余转移所转移的并不是账目,而是账单的余额。操作流程如下。

(1)调用【转移结余(Transfer Balance)】功能。在【客户账单(Billing)】对话框中,单击【转移(Transfer)】→【转移结余(Balance Transfer)】按钮,即可看到【转移结余(Transfer Balance)】对话框(图 7-2-15)。

(2)完成转移结余设置。在【转移结余(Transfer Balance)】操作对话框中的【转移余额子账单(Transfer Balance of Window)】中选择待转移的子账单,在【转移对象(Transfer To)】中选择目标客人房号(Room)、姓名(Name)和子账单(Window)编号(如果是同房间不同客人账户之间转移,可以选择【Same Room】复选框),之后单击【确定(OK)】按钮完成转移。

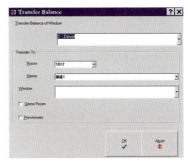

图 7-2-15 【转移结余】操作对话框

(3)完成结余转移。结余转移操作完成后,账源客人和目标客人账户均增加一条账目,账源客人所增加账目金额恰好抵消账单余额,因此可以总结为"各增一条,互为正负"。

(三)各种转移方法小结

Fidelio 系统中有多种转账的方法,各种转账方法的异同分析如表 7-2-2 所示。

表 7-2-2　多种转账操作对比表

转移类型	直接选择转移(账目)	批量选择转移(账目)	结余转移
转移内容	账目	账目	账户余额
转移目标	相同房间、不同房间	相同房间、不同房间	相同房间、不同房间
转移后账源账户	减少若干账目	减少、增加若干账目	增加一条账目,金额恰好将子账单余额清零
转移后目标账户	增加若干账目	增加、减少若干账目	增加一条账目,金额恰好是源账户金额的相反数
能否退回	能	能	否
账户中原有消费记录	消失	消失	不变
备注	两种转移消费的区别主要是账户选择方法的不同		结余转移的好处在于,不改变客人账目而只是将费用转移,不影响客人对账目进行查询

五、提前付账

除结账离店和提前离店外,客人还可能要求在不离店的情况下支付部分账款,这就是中期付账(Interim Bill)和提前付账(Advance Bill)，即结账但不离店。两者的区别在于，中期付账只计算已经发生的费用，而提前付账功能不但计算已经发生的费用，还可以计算未来发生的费用(如入住期的房费、固定费用等)。

在 Fidelio 中，不要在客人离店前使用【提前离店(Early Departure)】功能。

1. 查看客人账单

在【客人账单(Billing)】对话框中，单击右下角【结算(Settlement)】按钮，在弹出的对话框中选择【提前付账(Advance Bill)】(图 7-2-16)选项，系统弹出【固定费用过账确认(Fixed Charges)】对话框。

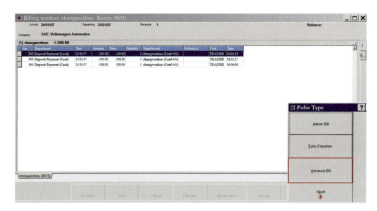

图 7-2-16　选择【提前付账】

2. 确定固定费用过账数量

在【固定费用过账确认(Fixed Charges)】对话框中，根据收取费用不同，用户可以进行以下 3 种操作：

(1)单击【今晚(Tonight)】按钮，系统将今晚房费和固定费用(Fixed Charges)计入客人账户。

(2)单击【全部停留日(Entire Stay)】按钮，系统将客人整个预订期(到预订离店日为止)所有房费和固定费用计入客人账户。

(3)单击【退出(Abort)】按钮，不计客人未发生费用。完成操作后，即可看到【账单处理】对话框。

3. 依次处理客人的每份子账单

在【账单处理】对话框中，用户可以为客人结清所有或部分费用，之后单击【支付(Post)】按钮即可完成支付。

4. 提前付账的结果

提前付账就是客人付款后但不离店。付款前，用户可以强制系统计算客人未发生的费用并计入客人账户。支付时，客人可以选择支付部分费用。操作完成后，账目颜色会发生变化，表示该账目已被处理完毕。

任务巩固

为郭靖、杨康批量分配房号，并为他们办理入住，在入住期间郭靖、杨康的房费由郭靖统一支付，其他的费用还是由自己支付。根据以上案例为两位客人分账。

任务 7-3　结账离店

任务导入

1. 提前离店

张文豪接到了公司的电话,要求他在展会结束的第二天上午十点赶到公司开会,张文豪需要在前一天晚上办理离店手续,以便第二天早晨六点半乘飞机回公司。根据要求为张文豪办理提前离店。

2. 团队离店

为比亚迪汽车工业有限公司总部来长沙团队办理离店。

3. PM 房离店

客人张文华在商务中心打印了一份文件,费用 15 元,现金结账。夜审前为商务中心的 PM 房办理离店。

任务实施

在 Fidelio 系统中,离店分为结账离店(Check Out)和提前离店(Early Departure)两种。

一、结账离店

结账离店(Check Out)是指客人在预订离店日期离店,也就是客人状态为预期离店客人的离店操作。结账离店操作流程如下。

1. 查看客人账单

调用【客人账单(Billing)】后,进入【账单处理】对话框,如果客人状态为本日预期离店(Due To),则对话框右下角显示【结账离店(Check Out)】按钮(图 7-3-1);如果客人状态为在住或无预订入住,则对话框右下角显示【结算(Settlement)】。由此可得,当且仅当客人状态为本日预期离店(Due To)时,对于满足结账离店条件的客人,单击【结账】按钮即可开始结账流程。

结账离店

图 7-3-1　本日预期离店客人,可以办理结账离店

2. 依次处理客人每份子账单

结账离店时，首先要处理客人所有子账单。处理时需要选择支付方式，系统会自动根据子账单余额计算结账余额。如果客人不打算结清所有费用，员工可以在【金额（Amount）】中输入客人实际支付的金额，但客人需要结清所有费用后才可以完成离店操作。图 7-3-2 所示为客人的第一份子账单处理。前台服务人员收取相应金额后，单击【支付（Post）】按钮确认支付，最后打印消费明细，由客人签字后作为结账凭证。

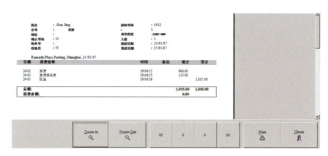

图 7-3-2　客人账单

3. 修改客人和客房状态

系统依次对客人的每份子账单进行处理，当客人所有子账单均结清后，系统将客人状态由预期离店（Due Out）修改为离店（Checked Out），将客人所住房间状态修改为空脏（Vacant Dirty，VD）。当客房内客人为一位以上时，但仅部分人员离店时，系统不会修改房态。

二、提前离店

提前离店（Early Departure）是指客人早于预订离店日期离店，也就是状态为在住或无预订客人的离店操作。提前离店操作流程如下。

1. 查看客人账单

调用【客人账单（Billing）】后进入【账单处理】对话框，当客人状态为在住（Checked In）或无预订（Walk In）时，对话框右下角显示【结算（Settlement）】，单击【结算（Settlement）】按钮，在弹出的对话框中选择【提前离店（Early Departure）】（图 7-3-3），即可看到【房费与固定费用过账确认】对话框。

图 7-3-3　非预期离店客人需使用提前离店办理离店

2. 确认房费与固定费用过账

在【房费与固定费用过账】确认对话框中，可以选择将本日房费计入，单击【Yes】按钮则加收一晚房费，单击【No】按钮则不加收房费和服务费。之后处理客人账单，操作方法与结账离店相同。最后，系统将客人状态由在住（Checked In）或无预订入住（Walk In）修改为离店（Checked Out），将客人所住房态由占用脏房（Occupied Dirty，OD）修改为空脏房。当房间人数不止一位，但仅部分人员离店时，系统不会修改房态。

三、PM 房离店

特别值得注意的是假房（P-Room），简称 PM 房，即现实中不存在的，由于酒店统计要求而"虚拟"出的客房。假房有可能用于以下几个方面。

（1）团队计费。为团队建立假房，将团队费用转入该房间，这样当团队离店时，仅需为该假房结账即可。

（2）内部核算。为每一个部门建立假房，用以核算每个部门的费用，如为销售部建立假房，用以记录其内部招待费用。

（3）账户处理。酒店可以建立某类账项的假房，如错误抛账冲销账户、内部损耗账户等。

在客人列表中选中要查看账单的客人（用户可以一次选中打开多个客人账单），单击【选择（Select）】按钮打开客人账单。图 7-3-4 所示为 PM 房结账。

图 7-3-4　PM 房结账

任务巩固

张文杰打电话向上司汇报工作后，被要求在本次展会结束后继续在本市停留两天处理其他工作，好在他的房间还没有被别人占用，可以按照协议价继续为张文杰办理延期离店。

收银与结账离店
Opera 系统操作流程

项目对接

一、对接世界技能大赛"酒店接待"项目

要求：使用 Opera 系统完成项目 7 的相关任务。

对比总结表

迁移要点/主要内容	Fidelio	Opera
折扣	【账目调整】→【From Date，To Date】→【Department Code】→【Window No.】→【Total Amount】→【Discount Percentage】→【Total Discount】→【OK】	【Post】→输入相同【代码】→【Qty】输入－1→【Check No】为 Rebate 单的单号→【Supplement】内输入原因
账目转移	【Billing】→【Transfer】→【Billing Guests Search】→【Select】	【Transfer To Another Room】→【Transfer Grouped Posting】→【Transaction Codes】→【Inclusive：打√】→【Period…To…】→【Entire Folio】
分账	1.【Update Reservations】→【Options】→【Routing】 2.【In-House Guests】→【Option】→【Routing】 3.【Billing】→【Options】→【Routing】→【Routing Charge】	1.【Options】→【Routing】 2.【In-House Guests】→【Option】→【Routing】 3.【Billing】→【Options】→【Routing】
提前结账	【Billing】→【Settlement】→【Advanced Bill】→【Fixed Charges】→【Entire Stay】→【账单处理】→【Post】	【Option】→【Reservation】→【Room Nights】→【"0"】→【OK】→【Settlement】→【Early Departure】→【Post Room And Tax】，让系统遵循 Rate Code 过房费

二、对接"1＋X"证书模块

要求：思考以下问题：

(1)首旅集团"1＋X"前厅运营管理职业技能等级证书技能操作考试试卷(三)。

考核内容：按标准为散客提供离店结账服务。

考核要求：模拟客人退房结账，1人扮演客人，1人扮演前台收银员，1人扮演客房服务员。

今天是11月11日，王莉女士(身份证号码：3090091997＊＊＊＊＊＊＊，上海虹桥人，联系电话：135＊＊＊＊＊＊＊＊)没有预订到酒店直接办理入住，11月10日入住，今天离开酒店，入住的是大床房，房价为每晚400元，房号8301；王女士之前用现金支付了600元的押金，她要用现金结账，请为她办理离店结账手续。

(2)请阐述客户资料的基本类型。

(3)如果客人对结账有不满或异议，如何进行妥善处理并最大限度满足客人的要求？

项目评价

知识评价表

评价内容	评价标准	分值	测评对象		
			自评	组评	师评
收银与结账离店的认知	正确认知相关菜单及其基本含义	20			
菜单及快捷键的选择	准确选择菜单及快捷键操作	20			
功能键的操作	熟练操作、逻辑性强	60			
总分		100			
个人反思：					

项目笔记

项目 8

房务管理与夜审

项目导学

学习目标

➢ 素质目标

1. 培养认真负责、求真务实的工作理念；
2. 培养耐心细致、精益求精的工作态度；
3. 培养诚信敬业、热忱服务的良好品质。

➢ 知识目标

1. 了解夜审对酒店的重要作用，熟悉 Fidelio 系统与 Opera 系统夜审的主要内容和步骤；
2. 掌握客房部日常工作与房态转换的关系；
3. 掌握在 Fidelio 系统与 Opera 系统进行房态转换的操作；
4. 了解差异房功能及差异房产生的原因。

➢ 技能目标

1. 能熟练运行 Fidelio 系统与 Opera 系统进行夜审操作；
2. 能掌握酒店客房管理系统房态实时数据，掌握酒店销售部销售的预订情况；
3. 能进行酒店房态管理系统的操作，完成对线上线下平台的房态调整与更新；
4. 能按照规范操作工作项目，能够合理地调整更新房态，提高客房出租率。

项目 8　房务管理与夜审

任务 8-1　房态管理

任务导入

王刚因为工作需要在长沙 AA 酒店预订了 DSDQ 型套间 0501 房，前台员工为他办理入住时，误将 0506 房的房卡发给了他，导致王刚入住了错误的房间。客房部在巡查时发现 0501 客房无行李，0506 房却有客人，故使用差异房（矛盾房）记录这一情况。经过与客人协商，客人愿意继续住下去，不更换房间。请登录 Fidelio 系统修改房态。

任务实施

根据以上任务的描述，使用 Fidelio 系统实施任务。

一、房态管理操作步骤

1. 调用【房态管理（Housekeeping）】功能

（1）选择菜单栏中【房务管理（Rooms Management）】→【房态管理（Housekeeping）】菜单项。

（2）单击【房务管理（Rooms Management）】→【房态管理（Housekeeping）】功能键。

以上两种方法均可调用【房态管理（Housekeeping）】功能，如图 8-1-1 所示，调用成功后，即可看到【房态管理（Housekeeping）】对话框。

图 8-1-1　【房态管理】功能调用

2. 选择客房

在【房态管理（Housekeeping）】对话框中，先在客房查找区输入查找条件，如房态、房型、房号或房间区段，然后在客房列表中选择客房 0506 房。

3. 更改房态

对于选中的客房，可以使用以下3种方法来修改房态。

(1)选中需要修改的房间0506房后，通过在下方【客房状态】单选框中进行选择的方法来修改房态。

(2)双击需要修改的房间（双击Room下的0506），可以完成房态清洁/脏房（Clean/Dirty）的转换，将0506房的现状（Status）改为Dirty（脏房），状态（Condition）改为Occupied（占房）。

(3)单击【快速修改（Quick Action）】按钮，弹出【快速修改】对话框并在其中修改，也可更改房态，这一方法适用于需要批量修改客房状态时（图8-1-2）。

图 8-1-2　修改房态

4. 完成房态管理

完成操作后，单击【关闭（Close）】按钮退出房态管理。

二、维修/待修房

设置客房维修状态的操作流程如下。

1. 调用【维修/待修房】功能

(1)选择菜单栏中【房务管理（Rooms Management）】→【维修/待修房（Out of Order/Services）】菜单项。

(2)单击【房务管理（Rooms Management）】→【维修/待修房（Out of Order/Services）】功能键。

以上两种方法均可调出【维修/待修房】功能，操作成功即可看到【维修/待修房】对话框。

2. 设置维修/待修房

【维修/待修房】包括酒店【维修/待修房列表】【新建维修房】【修改维修房】【删除维修房】等功能。

（1）新建维修房：在【维修/待修房】对话框中单击【新建（New）】按钮，进入【新建维修/待修房】对话框，依次输入：维修/待修客房起至号码（From Room＊＊＊To Room＊＊＊），维修/待修房时间段（Date＊＊＊，To Date＊＊＊），客房维修/待修状态（Out of Order，Out of Service），以及状态原因。确认无误后，单击【确定（OK）】按钮。

（2）修改维修/待修房：在【维修/待修房】对话框中，单击【修改（Edit）】按钮修改已经设置的维修/待修房。

（3）删除维修/待修房：在【维修/待修房】对话框中，单击【删除（Delete）】按钮删除已经设置的维修/待修房。

3. 退出维修/待修房设置

确认所有维修/待修房设置无误后，单击【关闭（Close）】按钮退出【维修/待修房】，系统将刷新客房信息。

三、客房差异

由于王刚入住了0506房，没有入住预订的0501房，所以酒店前台和客房对于0501房和0506房状态信息出现了不一致，这两个房间就出现了包括有/无客人、清洁/脏和人数等方面的差异。0501房在前台的状态是OCC（占用），在客房部却是Vacant（空房），这种情况被称为差异房或者矛盾房。发生客房状态差异会对宾客满意度和客房收入产生不良影响，因此，酒店应尽可能避免客房状态差异，前台和客房之间要密切协作。

最常见的客房状态差异是因客房有/无客人的信息差异，而产生了逃账房（Skip）房态和沉睡房（Sleep）房态，如王刚预订的0501房即逃账房房态。逃账房是指客房部记录为空房（Vacant），而前厅部记录为入住状态（Occupied）；沉睡房房态是指在客房部显示为入住（Occupied），而前厅部登记为空房（Vacant），0506房即为沉睡房。

Skip（逃账房）：Housekeeping Status（客房部状态）＝Vacant（空房），Front Office Status（前厅状态）＝Occupied（入住）；

Sleep（沉睡房）：Housekeeping Status（客房部状态）＝Occupied（入住），Front Office Status（前厅状态）＝Vacant（空房）。

差异房操作流程如下：

（1）调用【差异房（Discrepant Rooms）】功能。选择菜单栏中【房务管理（Rooms Management）】→【房态管理（Housekeeping）】→【差异房（Discrepant Rooms）】菜单项。

操作成功即可看到【差异房（Discrepant Rooms）】对话框。

（2）设置客房部状态。【差异房（Discrepant Rooms）】对话框包括酒店差异房列表、客房实际状态设置等功能。客房部员工应根据查房时的实际状态录入清洁/不清洁、空置/占用和人数信息。

（3）查看差异房。在【差异房（Discrepant Rooms）】对话框中，用户可以选择【All Discrepant Rooms】选项，显示所有差异房，单击【打印（Print）】按钮打印所有的差异房。

（4）退出差异房功能。操作完成，单击【关闭（Close）】按钮退出差异房功能。

房间状态管理

任务巩固

1. 如果王刚要求从 0506 房换到 0501 房，请使用接待员用户登录并更换房态。
2. OOO 房和 OOS 房概念是什么？

任务 8-2　拼房与伴随入住办理

任务导入

1. 拼房办理

正在酒店办理入住的郭靖遇到了一个老同学——艺龙旅行有限公司的张山，他也准备办理入住，于是他俩要求拼房。查找客人郭靖、张山的订房信息，请为他俩办理拼房。

2. 伴随入住办理

丁小波的妻子刘芳带着孩子（丁思思）到达丁小波已入住的酒店，前台查找丁小波的订房信息，为妻子刘芳及孩子（丁思思）办理伴随入住。

任务实施

请根据以上任务的描述，使用 Fidelio 系统实施任务。

一、拼房与伴随入住的异同

（1）拼房（Shares）也称同住房，是指两位或两位以上顾客入住同一客房，每位顾客都需要关联至客户资料，顾客之间地位平等，每位顾客都可以进行收银操作。消费计入客户资料。

（2）伴随入住（Accompanying），即两位或两位以上顾客入住同一客房，伴随者被看作顾客的附属，所有消费均由主客支付。消费计入主客的客户资料。

伴随可以用于需要保密入住的顾客和儿童，但该功能在国内使用较少，一方面，由于我国酒店业的特殊要求。《旅馆业治安管理办法》第六条规定：旅馆接待旅客住宿必须登记。登记时，应当查验旅客的身份证件，按规定的项目如实登记。接待境外旅客住宿，还应当在 24 小时内向当地公安机关报送住宿登记表。每一位入住人必须提供身份证件，这就使得保密入住难以实现（保密入住只需代理人登记入住，而需要保密的顾客只需添加至伴随即可）；另一方面，对于儿童客人通常不在 PMS 做任何处理，随着酒店业的进一步发展，对儿童顾客的关注将成为酒店服务的关键。

当多位顾客使用同一间客房时，可以使用拼房或伴随入住两种操作处理。两者的区别在于：使用拼房预订或者入住的顾客必须关联至一个客户资料，而使用伴随预订则没有这一要求。两种操作的具体区别如表 8-2-1 所示。

表 8-2-1 拼房与伴随入住的区别

	项目	拼房	伴随入住
相同点	人数	伴随入住和拼房操作都影响客人入住人数	
	信息	伴随入住和拼房都记录了客人的姓名、性别、国籍等	
不同点	用途	正常的拼房操作	用于保密入住、儿童客人处理等
	客户资料	预订必须关联至一个客户资料，入住信息均记录在客户资料	预订不会关联至客户资料
	费用与账目	拼房人承担房费，且有多种分担方式	伴随者不承担房费
	客人状态	拼房人之间客人状态独立	伴随者状态随入住客人而变化
	客房状态	第一位客人入住后，客房状态变为"在住(Occupied)"，最后一位客人离店后，客房状态变为"空房(Vacant)"	伴随者不能单独入住或者离店，状态随入住客人的变化而变化
	换房(Room Move)操作	一位顾客换房，不影响同住人	一位顾客换房，其伴随者全部换至新客房

二、拼房操作

郭靖和张山入住同一客房就是拼房。拼房操作可以在预订阶段、入住阶段和在住阶段进行，而同住对象可以是一个存在的预订，也可以是新建的预订。日用房(Day Use)不能进行拼房操作。拼房操作流程如下。

1. 调用拼房操作

拼房操作有三种方法。

（1）在【新建预订(New Reservation)】或【更新预订(Update Reservation)】时，输入客人名字"郭靖"，单击【Search】按钮，再选择【选项(Options)】选项，打开图 8-2-1 所示的界面。

图 8-2-1 查找客人

单击图 8-2-1 中的【拼房(Shares)】功能键，打开图 8-2-2 所示的界面。

图 8-2-2 【合并同住预订】对话框

在图 8-2-2 所示的界面输入拼房客人张山的信息，单击下方【合并预订(Combine Reserv.)】按钮，打开图 8-2-3 所示的界面。

图 8-2-3 【合并同住预订】对话框完成合并

(2)在【入住(Arrivals)】时，选择【选项(Options)】→【拼房(Shares)】功能键。
(3)对于在住顾客，选择【在店客人(In-House Guests)】→【选项(Options)】→【拼房(Shares)】功能键。

2. 确定房费划分方式

确定同住人之后，即可进入【房费划分方式】对话框(图 8-2-4)。需要注意的是，一间客房单人入住和双人入住的价格有可能不同，酒店可以选择多种房费分担方式。确定划分方式之后，单击【确定(OK)】按钮完成拼房操作。

在确认拼房后，就会出现房费划分方式。

图 8-2-4 【房费划分方式】对话框

Zero：一个顾客支付所有房费。

Split：每人分摊相同金额。

Full：每一位顾客支付价格代码全价费用。

Combine：添加一个同住人。

Break：取消同住。

Go To：转到所选中顾客的预订。

3. 拼房操作完成

拼房操作完成后，使用【在店客人(In-House Guests)】功能，可以看到每一位同住顾客。拼房操作完成后，可以在客人预订界面看到同住人标示，单击同住人即可查看同住顾客。在顾客预订对话框中可以看到 Comments 一栏显示：Sharing Guests。

三、伴随入住操作

伴随入住操作可以在预订阶段、入住阶段和在住阶段进行，操作流程如下。

1. 调用伴随操作

伴随操作有三种方法。

(1)在【新建预订(New Reservation)】或【更新预订(Update Reservation)】时，选择【选项(Options)】→【伴随(Accompanying)】功能键。

(2)在【入住(Arrivals)】时，选择【选项(Options)】→【伴随(Accompanying)】功能键。

(3)对于在住顾客，选择【在店客人(In-House Guests)】→【选项(Options)】→【伴随(Accompanying)】功能键。

操作完成后，可以看到【伴随(Accompanying)】对话框(图 8-2-5～图 8-2-7)。

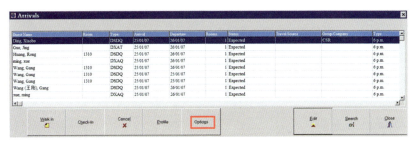

图 8-2-5 【伴随】对话框 1

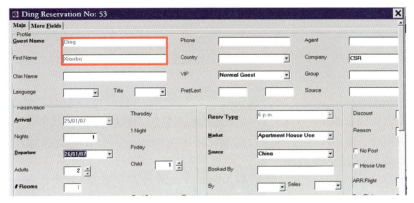

图 8-2-6 【伴随】对话框 2

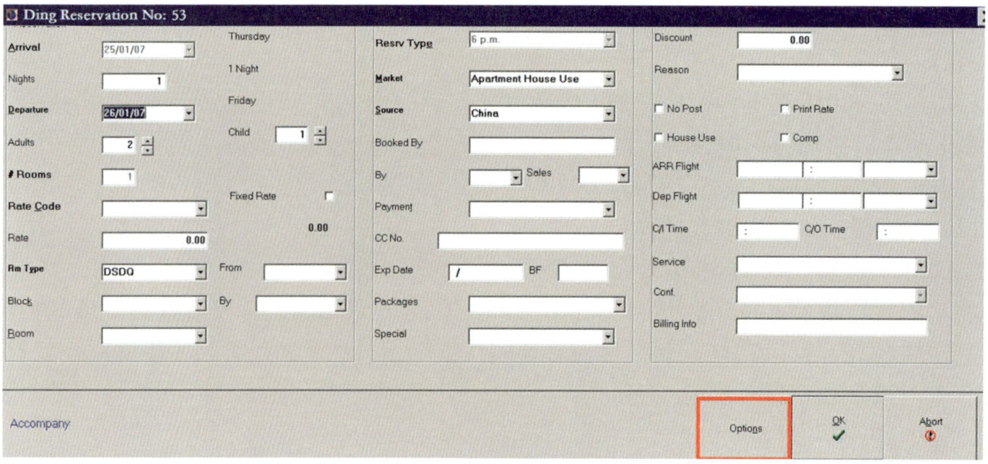

图 8-2-7 【伴随】对话框 3

2. 新建伴随者

在【伴随（Accompanying）】对话框中，选择【新建（New）】按钮，进入【伴随者信息录入（Accompanying Edit）】对话框。依次输入相应信息后，单击【确定（OK）】按钮，即可完成新建伴随者操作。伴随者建立完成后，可以在【客人预订（Guest Reservation）】界面看到伴随者标示。单击【伴随者（Accompanying）】按钮即可查看相应信息。

任务巩固

对接"1+X"证书，请根据以下场景，运用 Opera 系统完成相关操作。

【时间】××××年1月1日10：55。

【地点】长沙 AA 酒店预订部。

【模拟岗位】预订部员工李扬。

【工作描述】1月1日上午，李扬接到预订修改电话，电话内容如下：

王文：你好，我想改一下预订。

李扬：请问先生您贵姓？

王文：王，国王的王。

李扬：王先生，您是以谁的名字订房？订的什么房间？

王文：王文，一间单人大床房。

李扬：请稍后，王先生，您预订的是1月9日至1月10日，住1天，一间单人大床房，价格是880元，含服务费及1份早餐，费用前台现付，保留至18：00，对吗？

王文：对。

李扬：王先生，请问您想如何修改预订？

王文：改成一间标准间，再增加一位我的同事张花，我俩合住。

李扬：请稍后，我看一下是否还有标准间。王先生，标准间还有，现在房价是996元，含服务费及两份早餐，您需要吗？

王文：可以。

李扬：王先生，您还有什么需要变更的吗？

王文：没有了。

李扬：王先生，您现在的预订是1月9日至1月10日，住1天，一间标准房，价格是996元，含服务费及2份早餐，费用前台现付，预订保留至18：00。

王文：对，非常感谢！

李扬：不用谢。王先生，感谢您的来电，我们稍后会将预订变更信息以短信形式发送给您，预祝您入住快乐。

任务8-3　夜审

任务导入

结束一天工作，完成夜审前相关准备工作，进行夜审。

任务实施

根据以上任务描述，使用Fidelio系统实施任务。

一、调用夜审程序

拥有夜审权限的员工需要登录进入系统操作。授权员工在【夜审登录(Night Audit)】对话框中输入用户名和密码后，即可看到夜审操作对话框。

每次夜审完成都会将PMS日期推进一天。如果因操作失误多做了一次夜审，PMS日期就会早于实际日期。在Fedelio中，如果两次夜审间隔过短，系统会弹出警告对话框。

PMS日期与实际日期

二、进行夜审操作

1.【准备和有效性检查(Preparation and Validation)】

该功能主要是进行夜审前的数据检查。包括以下项目：【未到达的预订(Arrivals Not Yet Checked-In)】【未离店的预订离店者(Departure Not Yet Checked-Out)】【取消预订(Canceled Reservations)】【未传达消息(Undelivered Messages)】等。

2.【限制访问(Limiting Access)】

为了保证夜审统计数据的正确性，系统会限制用户的登录并强制将当前登录的用户退出。

3.【更多验证(More Validation)】

类似于第一项操作，在夜审前需要再次审核数据的有效性。

4.【主要部分(Main Section)】

夜审的主要部分包括完成账目、房态、收入等信息的审核和统计工作。

(1)客房收入夜审。核查所有出勤的前厅收银员是否已交来全部收银员报表及账单。

①将前厅收银员交来的客房收银出纳报表与计算机核对，如不符则查明原因，并将详情

记录在交班本上。

②核对附有账单等单据的前厅收银账单的份数与前厅收银系统中客房入账报表是否相符，如不符应逐一查对。把未交和缺失账单的收银员名字和缺失账单详情记录在交班本上，留给次日有关主管人员审阅调查。

（2）核查每个前厅收银员交来的每一张账单。

①将前厅收银员交来的账单进行分类汇总，与客房收银出纳报表核对金额是否相符。

②核查入住和离店时间，房租是否全部计入，应收半天房租或全天房租是否已经计收，免收半天或全天房租是否有规定的批准手续。

③核查结账单所附单据是否齐全，如有押金单缺失是否已注明原因，将未退款的详情登记在交班本上留于日审检查。

④核查临时入住登记单、押金单是否与前厅收银结账单明细相符（如房号、房价等）。临时入住登记单后面所记录的消费是否已输入计算机内，押金单号、金额是否与预收定金一致，最后查看签字手续是否齐全。

⑤核查房价是否合理，调房是否有人签字，房价由高调低的手续是否齐全。

⑥核查挂账、招待是否有客人和授权人的签字（挂账账单签字者是否为协议单位授权人）。

⑦核查会员卡结账是否已拓印卡号，是否有会员签字，所拓印卡号与结账卡号是否一致。

⑧核查协议房价是否准确，客人是否是协议单位授权的人员。

⑨核查所有的收入调减是否合理，是否有授权人签名。

⑩核查消费、赔偿等收费是否符合酒店规定的标准。

将有问题的账单做标记并在交班本上登记，并将所有账单按结账方式分类归集装订，统计消费卡、招待消费品项，统计后待做营业收入报表时在相应品项中做冲减。

（3）迷你吧、商场审核。

①审核迷你吧、商场酒水单的印章、房号、签章等手续是否齐全。

②审核迷你吧、商场酒水单各个品项汇总数与迷你吧、商场控制平衡表显示的数额是否一致，在迷你吧、商场控制平衡表上签章后转交至成本部（如不一致则查明原因后按实际数核定，并在更改处签章）。

③将迷你吧、商场酒水单与计算机逐一核对，核查计价是否正确、数量是否相符，发现问题及时查明原因并将详情记录在交班本上交由日审处理。

（4）餐饮收入夜审。

①核查所有出勤的餐饮收银员是否已全部交来收银员报表及账单。

②将餐饮收银员交来的收入交款单与计算机核对，如不符则查明原因，并将详情记录在交班本上。

③核对附有账单等单据的餐饮收银账单的份数与餐饮收银系统中的结账报告单是否相符，如不符应逐一查对。把未交和缺失账单的收银员名字和缺失账单详情记录在交班本上，留给次日有关主管人员审阅调查。

④核查每个餐饮收银员交来的每一张账单。将餐饮收银员交来的账单进行分类汇总，与收入交款单核对金额是否相符。核查结账单所附单据（酒水单、餐厅多用单、餐厅消费单等）

的所有消费品项、数量、金额与结账单是否一致。核查结账单所附餐厅多用单、餐厅消费单与后厨多用单、后厨消费单是否一致。核查结账单所附会议、宴会通知单应收款项与结账单是否相符。核查所有的收入调减是否合理，退单是否有授权人签字，理由是否充分。核查打折权限是否准确（如餐饮部经理有全单九折权限、餐饮部总监有全单八折权限）。核查挂账、招待是否有客人与授权人的签字（挂账账单签字者是否为协议单位授权人）。核查会员卡结账是否已拓印卡号，是否有会员签字，所拓印卡号与结账卡号是否一致。核查消费、赔偿等收费是否符合酒店规定的标准。

⑤将餐厅多用单、餐厅消费单取出并转交至成本部。

⑥将有问题的账单做标记并在交班本上登记，并将所有账单按结账方式分类归集装订。

⑦统计消费卡、招待消费品项，统计后待做营业收入报表时在相应品项中做冲减。

⑧酒水类由日审审核。

(5) 康乐收入夜审。

①核查所有出勤的康乐收银员是否已全部交来收银员报表及账单。将康乐收银员交来的收入交款单与计算机核对，如不符则查明原因，并将详情记录在交班本上。核对附有账单等单据的康乐收银账单的份数与康乐收银系统中的收入交款单是否相符，如不符则应逐一查对。把未交和缺失账单的收银员名字和缺失账单详情记录在交班本上，留给次日有关主管人员审阅调查。核查每个康乐收银员交来的每一张账单。将康乐收银员交来的账单进行分类汇总，与收入交款单核对金额是否相符。检查洗浴、游泳门票是否剪票与过期。如延期使用，是否有有权限领导的签字。核查会员卡结账是否已拓印卡号，是否有会员签字，所拓印卡号与结账卡号是否一致。核查挂账、招待是否有客人与授权人的签字（挂账账单签字者是否为协议单位授权人）。

②检查积分卡、游泳卡和各种门票的使用权限，其结算是否使用除浴资外的其他消费。

③检查免单人员的免单品项是否正确（分全免和单免），签单是否真实。

④核查所有的收入调减是否合理，是否有授权人签名。

⑤核查消费、赔偿等收费是否符合酒店规定的标准。

⑥将有问题的账单做标记并在交班本上登记，并将所有账单按结账方式分类归集装订。

⑦统计消费卡、招待消费品项，统计后待做营业收入报表时在相应品项中做冲减。统计现金门票数量，为填制报表做准备。

5. 编制酒店经营情况晨报及相关报表

所有营业部门的账单审核无误后，夜审人员要将收银员上交的账单按部门进行分类汇总，统计准确各类消费总数及收入总额，并根据打印出来的各种报表、数据，编制酒店经营情况晨报和其他相关报表。

(1) 统计客房房费，电话服务费，洗衣费，迷你吧、精品店/商场、其他收入，客账等净额，编制夜审试算平衡表。

(2) 统计餐饮、洗浴、游泳、美容美发消费人数，食品、酒水、香烟、VOD、会议租金、包房、浴资、技师、擦鞋、游戏、运动项目、美容美发、杂项等费用，编制每日餐饮/康乐收入报表。

(3) 将夜审试算平衡表及每日餐饮/康乐收入报表所统计的数据按照一定的比例分成，编制夜审报表。

（4）在软件报表系统的"199"报表中的在住客人报表（历史含日用房）中统计出当日售房、免费房、自用房、空房及维修房数据，在软件报表系统的"111"报表中的招待发生报表中统计出当日赠送游泳卡、积分卡、消费卡及宴请（招待）等数据，编制当日晨报。

（5）根据夜审试算平衡表、每日餐饮/康乐收入报表、夜审报表、晨报的数据，编制每日营业收入报表Ⅰ、每日营业收入报表Ⅱ与收益总结表。

（6）夜审试算平衡表、每日餐饮/康乐收入报表、夜审报表、晨报、每日营业收入报表Ⅰ、每日营业收入报表Ⅱ、收益总结表制作完毕之后，手工统计当日最后一张表——营业汇总表。将当日收入及一些重要数据填写完毕后，由另一名夜审人员审核、签字后将此表转交日审。

6.【结束限制访问(End of Limited Access)】

完成主要数据的统计后，系统解除用户的访问限制，此时会弹出对话框。

7.【后台处理(Background Processing)】

结束夜审报表打印等。

8.【结束夜审(Finishing Night Audit)】

结束夜审。

夜审步骤的符号描述如表 8-3-1 所示。

表 8-3-1　夜审步骤的符号描述

符号	描述
✗	红叉表示重要的未付条目；黄叉表示不重要的未付条目
✓	没有未付条目
☾	开始一个新的部分
▓	程序条目
🔒	限制访问
🔓	结束限制访问
📄	报表定义
🖨	条目将被打印成文件；当 Night Audit 不能找到打印机，一条错误消息将出现；Night Audit 将停止直到打印机安装正确
ⓘ	表示一个信息选项

项目 8　房务管理与夜审

三、完成夜审

夜审完成后，系统弹出夜审成功的提醒对话框【夜审结束（Micros-Fidelio Night Audit）】（图 8-3-1）。

夜审成功，系统日期"推进"一天。

图 8-3-1　夜审成功，系统日期"推进"一天

夜审之后，及时为商务中心的 PM 房办理入住。

任务巩固

（1）关闭各终端计算机，检查所有的预订、在住客人账目等，判断有无错误。

（2）启动夜审程序，进行夜审操作，判断夜审前后系统日期有无变化，客人的账目情况有无变化，并分析其中的原因。

房务管理与
夜审 Opera 系统操作流程

项目对接

一、对接世界技能大赛"酒店接待"项目

要求：使用 Opera 系统完成项目 8 的相关任务。

对比总结表

迁移要点/主要内容	Fidelio	Opera
房务管理主界面	【Rooms Management】→【Housekeeping】→在客房列表中选择客房→双击需要修改的房间→完成房态清洁/脏房（Clean/Dirty）的转换→【关闭（Close）】	【Rooms Management】→【Housekeeping】：OC 房、VC 房、VD 房、Out of Order、Blocked Room、Sleep-out Room、Occupied with Light Luggage、DND、Double Locked Room
维修/待修房	【Rooms Management】→【Out of Order/Services】：1. 单击【New】按钮→依次输入客房起至号码（From Room，To Room）、维修/待修房时间段（Date＊＊＊，To Date＊＊＊）、客房维修/待修状态（Out of Order，Out of Service）→单击【OK】按钮→2. 单击【Delete】按钮删除已设置的维修/待修房→3. 单击【Edit】按钮修改已设置的维修/待修房→单击【Close】按钮退出维修/待修房设置	【Rooms Management】→【Housekeeping】→【Out of Order/Service】

续表

迁移要点/主要内容	Fidelio	Opera
客房差异	【Rooms Management】→【Housekeeping】→【Discrepant Rooms】→设置客房部状态→录入信息	与Fidelio操作相同
拼房与伴随入住办理	拼房：【New Reservation】→【Update Reservation】→输入客人名字→【Search】→【Options】→【Shares】→输入拼房客人信息→【Combine Reserv.】→确定房费划分方式 伴随入住：【New Reservation】或【Update Reservation】→【Options】→【Accompanying】→【New】→【Accompanying Edit】→依次输入相应信息→【OK】	【Reservation】→【Update Reservation】→输入客人姓名→【Search】→【Edit】→【OK】→【Save】→【Option】→修改房价→【Shares】→修改房价：单击【Entire】选项将房费改为由一人支付→单击【Combine】按钮→单击【OK】按钮返回至【Reservation Option】→单击【Close】按钮返回至【Reservation Confirmation】预订确认界面
夜审	【准备和有效性检查(Preparation and Validation)】→系统开始限制用户的登录并强制当前登录的用户退出→再次审核数据的有效性→完成账目、房态、收入等信息的审核和统计工作→完成主要数据统计，系统解除用户的访问限制→报表打印→结束夜审	客房收入夜审→核查每个前厅收银员交来的每一张账单→餐饮收入夜审→康乐收入夜审→编制酒店经营情况晨报及相关报表→由另一名夜审人员审核，签字后将此表转交日审

二、对接"1+X"证书模块

酒店前天中班给客人办理入住，客人原本订的是468元的房间，后来改住428元的房间，中班员工未改房价。第二天晚上，接班前台上夜班查单时没发现房价有变动，夜审后才发现未改房价，此时已经不能更改。酒店对中班和晚班员工进行了惩罚。但晚班员工认为：主要责任在中班，不认可自己也要承担责任，之前酒店开例会时说过，只要是操作有误，责任都在第一责任人，这个事情是中班员工操作上的失误，自己只是没有及时发现中班员工的失误而已。

请思考：如果你是酒店晚班员工，你对这件事会怎么看？应如何避免此类事情的再次发生？

项目评价

知识评价表

评价内容	评价标准	分值	测评对象		
			自评	组评	师评
房务管理与夜审的认知	正确认知相关菜单及其基本含义	20			
菜单及快捷键的选择	准确选择菜单及快捷键操作	20			

续表

评价内容	评价标准	分值	测评对象		
			自评	组评	师评
功能键的操作	熟练操作、逻辑性强	60			
总分		100			
个人反思：					

项目笔记

项目 9

PMS 报表操作

项目导学

学习目标

➤ 素质目标
1. 培养诚信经营、顾客至上的服务理念;
2. 培养爱岗敬业、精益求精的工作态度。

➤ 知识目标
1. 熟悉 Fidelio 系统与 Opera 系统常用报表的相关知识;
2. 掌握预订报表、在店客人报表和财务报表的处理流程;
3. 掌握其他报表的处理流程。

➤ 技能目标
具备通过各类常用报表分析处理,核算酒店在特殊情况下获取最大收益预算的能力。

任务 9-1　预订报表操作

任务导入

你在酒店大堂副经理岗位已经有一年的时间。本次汽车博览会还剩下最后两天,部分参加博览会的人今天下午即将办理离店,酒店现余 15 间客房,但前台来电有个 40 人的旅行团队今天要入住本酒店,需要 24 间客房,其中标准间 20 间,豪华大套房 4 间。总经理正好不

项目 9　PMS 报表操作

在，考验你的时候到了，你将如何处理此事？首先及时与附近合作酒店沟通，预订好所需房间类型及数量，在给出总体报价的同时要制作财务报表，并打印出预期收益情况报表，以便财务计算本次团队预订的整体收益情况。

你应该完成以下任务，制作酒店预订情况统计报表，如图 9-1-1 所示。

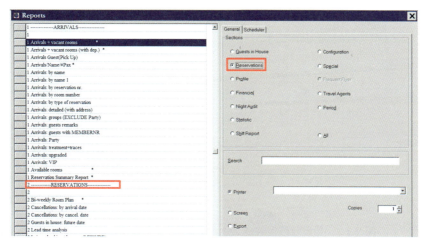

图 9-1-1　制作酒店预订情况统计报表

利用预订报表功能选择【Bi-weekly Room Plan】可以制定双周预售计划，选择【Cancellations：by arrivaldate】也可以轻松地统计出因到达日期出错而取消或作废的预订房间情况，并由此统计出未来几天在店客人情况及酒店房间入住率，为房间销售定价提供参考依据。

任务实施

根据以上任务描述，使用 Fidelio 系统实施任务。

打电话给附近合作酒店预订房间，确认类型及数量，然后制作报表。酒店报表一般有按时间（记账时间、结账时间）和按营业日（营业日、结账日）两大类四种统计方式。时间是指自然时间，0 点到 23 点 59 分算一天，营业日对应日结的开始时间到结束时间。交班方式有前台使用备用金和前台留未结账的押金两种。如果交班方式为前台使用备用金，则财务不能用消费和付款来对账，只能按发生的付款和收银员对账，但这种方式把除备用金外所有的收款都提交财务，因此一般都会辅以各类报表，不易操作。酒店一般使用前台留未结账的押金的交班方式。

制作预订报表的操作流程：

选择【杂项（Miscellaneous）】→【报表（Reports）】功能（图 9-1-2）。

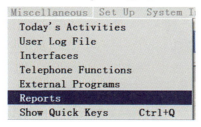

图 9-1-2　选择【报表】功能

在打开的【报表(Reports)】对话框中选中【预订(RESERVATION)】选项(图 9-1-1),在对话框右侧选择【导出(Export)】单选框,单击右侧的下拉三角形,调出文件的地址及文件名对话框。打印预订报表或输出到文件,导出酒店总预订报表到文件(图 9-1-3)。

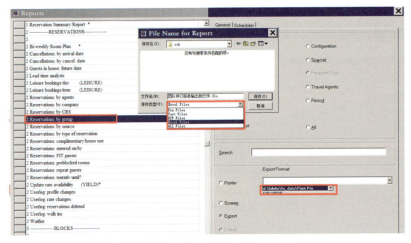

图 9-1-3　导出预订报表到文件对话框　　　　　　　　　客户资料报表

任务巩固

(1)以客户姓名为关键字生成今日预订报表。
(2)如何快速应用【杂项】功能,打印出预计当日到达的客人数据?

任务 9-2　在店客人报表操作

任务导入

按姓名生成在店客人报表,并导出酒店所有在店客人报表到"今日在店客人报表.xls"文件。制作酒店在店客人情况报表(图 9-2-1),同时了解哪些客人余额不足,哪些消费应该受限制,晚上住店人数。根据消费额度及次数等综合因素,确定哪些客人可以升级 VIP 等级等。

任务实施

根据以上任务描述,使用 Fidelio 系统实施任务。

导出酒店所有在店客人报表。选择【杂项(Miscellaneous)】选项,单击【报表(Reports)】按钮,在报表选择框中选择【住店客人(Guests in House)】选项。在【报表(Reports)】对话框左边显示的在店客人报表相关信息,有选择性地按客人的某个基本属性生成报表,如姓名、生日、年龄、国家或地区等(图 9-2-2、图 9-2-3)。

项目 9　PMS 报表操作

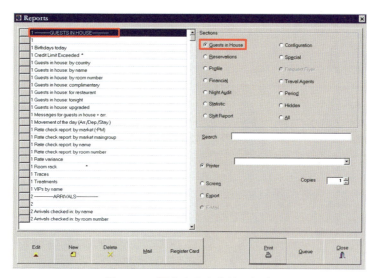

图 9-2-1　酒店在店客人情况报表

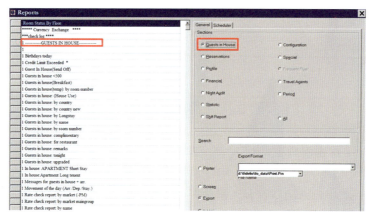

图 9-2-2　选择【在店客人】选项

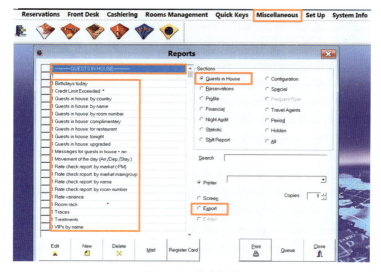

图 9-2-3　生成报表

打印报表之前可以选择【屏幕（Screen）】单选框预览报表。如图 9-2-4 所示，选择按客户姓名生成在店客人报表，将生成的报表输出到文件并保存文件到指定的盘符。

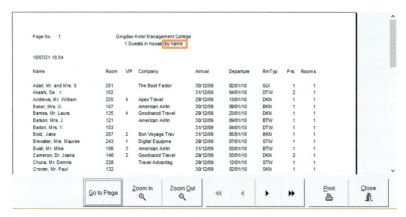

图 9-2-4　按在店客人姓名生成报表

任务巩固

制作今日住店客人报表。

任务 9-3　财务报表操作

任务导入

制作账务报表：导出酒店所有客人财务报表，如图 9-3-1 所示。

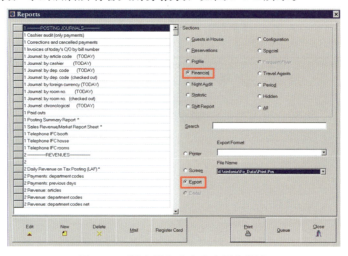

图 9-3-1　酒店所有在店客人财务报表

账务报表对酒店经营至关重要。酒店财务部的功能和作用主要体现在三个方面，即提供酒店经营管理的财务信息资料，提高经济效益和促进经营管理水平的提高。财务部根据经营管理人员及各部门对管理的要求而提供以下信息资料。

1. 提供预测和规划所需要的信息

管理人员可以通过财务部所统计的营业收入历史资料预测下一年的营业收入，根据酒店积累的自有资金决定是否开展扩建、改建等规划工程。

2. 提供控制所需要的信息

成本和费用是酒店经营中要控制的两大因素。管理人员可以根据财务部提供的成本和费用报表上成本与费用的变化情况做出保持或降低投入等控制决策。

3. 提供测量经营成果所需要的信息

酒店经营成效最终表现在其经营成果上，经营取得是财务部通过及时、准确核算后获得的成果。营业收入的核算、工资核算、原材料成本核算、各种费用核算等都是财务部日常的工作。

4. 提供酒店外界所需要的经营和资金信息

酒店是一个有机整体，但不是个封闭的整体，酒店内外信息的沟通、接受专门机构和社会的监督也需要财务部提供有关资料，接受财税检查、审查机关检查等。财务部组织酒店的资金运动，通过财务计划制定出经济核算、经营效益的总目标，加强对经营活动中各种消耗及资源的控制，以最少的人、物投入而获取最大的经济效益。酒店经营管理就是为了使酒店系统的功能效益不断提高而从事的一系列活动，财务部在指导酒店日常经营活动中，往往以下述的方式主动参与：指导日常经营活动，避免盲目性；完善内部经营管理机制，实行目标管理；监督经营方向，端正经营思想和营业行为；参与经营决策。

任务实施

根据以上任务的描述，使用 Fidelio 系统实施任务。

导出酒店所有在店客人财务报表，操作步骤：选择【杂项（Miscellaneous）】选项，单击【报表（Reports）】按钮，在报表选择框中选择【住店客人（Guests in House）】选项，在【报表（Reports）】中选择【财务（Financial）】复选框（图 9-3-2），有选择性地按将要生成账目内容（如今日条款代码、出纳审计规则等）生成报表。打印报表之前可以选择【屏幕（Screen）】单选框预览报表，然后选择【导出（Export）】单选框，输出报表到指定位置的指定文件中。

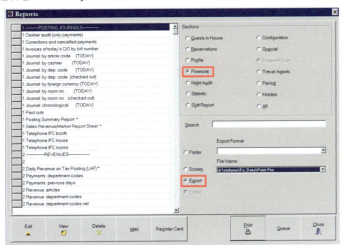

图 9-3-2　财务报表生成及输出

> **任务巩固**

(1)按任务实施步骤，完成张文杰的账务报表。
(2)打印出黄蓉、郭靖两位客人的财务报表。

项目对接

一、对接世界技能大赛"酒店接待"项目

要求：使用 Opera 系统完成项目 9 的相关任务。

对比总结表

迁移要点/ 主要内容	Fidelio	Opera
预订 报表操作	【Miscellaneous】→【Reports】→【General】→ 【Sections】→【Reservation】	【Front Desk】→【In-House Guests】→【Search】 （或【Advanced】）
在店客人 报表操作	【Miscellaneous】→【Reports】→【General】→ 【Sections】→【Guests in House】	【Front Desk】→【In-House Guests】（选定/取消入 住的客人和房号）→【Cancel CI】→【Yes】→更新 房态
账务 报表操作	【Miscellaneous】→【Reports】→【General】→ 【Sections】→【Financial】	【Front Desk】→【In-House Guests】→【Option】→ 【Room Move】（含目标房号、换房原因等）→【Yes】

二、对接"1+X"证书模块

思考以下问题：
(1)有位在店客人的朋友来店查询该客人的财务报表，想为该客人买单时，前台工作人员应该如何办理？
(2)如果客人对酒店消费账单有疑问，想打印账单明细，酒店必须提供吗？

项目评价

知识评价表

评价内容	评价标准	分值	测评对象		
			自评	组评	师评
PMS 报表操作的认知	正确认知杂项菜单及其基本内容	20			
菜单及快捷键的选择	准确选择菜单及快捷键操作	20			
功能键的操作	熟练操作、逻辑性强	60			
总分			100		
个人反思：					

项目 9　PMS 报表操作

项目笔记

结语　PMS 的发展展望

技术每天都在革新，但与技术革新本身相比，对这些技术革新所产生影响的思考更为重要。对于客人来说，服务是酒店最核心的产品。任何技术，其本身都不能成为酒店成功的直接推动因素，通过运用信息技术，提高服务质量、提升工作效率、降低酒店运营成本、增加酒店收入，才是信息技术对于酒店的意义所在，是酒店实施信息化、数字化运营的终极目标。

在结语中，我们将对 PMS 作简单概述，包括 PMS 的主要功能、发展方向等，并且更重视讨论这些功能与酒店管理的关系。单纯的技术（也许是很先进的技术）绝对不是好技术，甚至会产生相反效果，只有能够提高酒店服务和管理水平、帮助酒店实现战略目标的应用技术才是好技术。

所以，在阅读结语时，不要过于注重 PMS 本身，而是要思考 PMS 与酒店服务和管理的关系，思考 PMS 对酒店各种资源的管理作用，这些资源包括客房、客户、业务、资金与账户和外围设备等。在这里，我们会提醒你，思考 PMS 对工作流程、成本控制、信息沟通、外围设备管理等方面的变革。

对于接待与收银的思考，合并还是分离？

如今，接待与收银的合并成为越来越多酒店的选择，这种做法给酒店带来了以下好处：

（1）对客人而言，"一站式服务"有利于提供更优质的服务。

（2）对酒店而言，"一站式服务"能够提高工作效率，减少人力成本。

（3）对员工而言，"一站式服务"能够开拓员工视野，打造员工更全面的能力。

在收银与接待合并的进程中，有些酒店非常谨慎，依然保持两部门的分离，这主要出于对收银漏洞的防范。收银与接待的合并之所以会成为众多酒店的选择，服务质量、成本控制方面都是酒店考虑的因素，而以下技术的进步为这场变革提供了硬件保障：

（1）PMS 的出现，大幅度降低了接待与收银的专业难度，为其合并提供了技术可能性。

（2）PMS 记录了每次办理入住和收银的操作，使得酒店严格审计成为可能。

（3）电子门锁记录了员工制作每一张房卡的操作，员工无法私自做房卡。

（4）强大的监控系统，让每一次操作都可以事后追溯。

（5）信用支付逐步成为主流，收银不再是收银员一个人的事情，需要收银与财务合作完成。

收银与接待的合并本身就是信息技术推动酒店管理变革的优秀实例。

一、PMS 核心功能

PMS 作为酒店业最早实现信息化的部分，是酒店信息系统最重要的组成部分，尽管目前系统很多，但核心功能都可以概括为五大功能：客户（资料）管理、业务管理（包括预订、入住、在住、离店等)、客房管理、账务管理和接口管理,这五大功能可以看作是酒店主要资源在信息系统中的映射。

1. 客户管理

客户管理,从功能上来看,就是把客人的信息记录在客户资料中,其本质是完成了客户在信息系统中的映射。非个人客户资料,是酒店协议单位(公司、旅行社、预订代理、团队等)在 PMS 中的映射;个人客户资料,是酒店客人在 PMS 中的映射。客户资料是整个 PMS 运行的基础,预订操作、入住操作、收银与账户操作全部要以客户作为对象。同时,客户资料也用于记录客人信息,酒店可以据此为客人打造个性化服务,提高酒店服务质量。除用于内部管理外,PMS 中的客户资料功能也是酒店会员管理的基础。所以从本质上讲,会员管理就是增加了积分、优惠、奖励、会员级别等功能的"动态"客户资料。

2. 业务管理

业务管理(预订、入住、在店、离店)就是处理酒店对客人服务流程,是客人住店流程在 PMS 中的映射。客人状态标示了客人当前业务状态,每个业务的状态是唯一的。酒店对客人服务流程与客人状态之间的关系,包括无业务阶段、预订阶段、在住阶段、离店阶段四个阶段。

(1)无业务阶段:客人尚未与酒店发生业务。

(2)预订阶段:酒店为客人办理预订之后,客人初始状态为预期到达(预抵,Expected)。

(3)在住阶段:酒店为客人办理入住手续,如果是预订客人入住,则客人状态为预订在住(Checked In),如果无预订客人入住,则客人状态为上门客在住(Walk In)。到达客人预期离店日(即离店日期=当前日期),客人状态为预期离店(预离,Due Out)。

(4)离店阶段:酒店为客人办理离店手续时,预离(Due Out)客人应使用结账离店功能办理;在住(Checked In 或 Walk In)客人应使用提前离店(Early Departure)功能办理。

3. 客房管理

客房是酒店的核心资源,客房管理是酒店客房资源在 PMS 中的映射,客房状态(Room Status)表明了客房当前状态。常见客房状态如表1所示。

表1 常见客房状态

房态名称	英文简称	房间状态
走客房	C/O	客人已经结账并离开房间
占用房	OCC	客人正在住用的房间
空房	V	前夜没有客人住宿的房间
维修房	OOO	房间设施设备发生故障暂不能出租
外宿房	S/O	客房已被租用,但客人昨夜未归
请勿打扰房	DND	该房间的客人不愿意受到任何打扰
贵宾房	VIP	该房间的客人是酒店的重要客人
长住房	LSG	长期由客人包租的房间
请即打扫房	MUR	客人要求立即打扫的房间
准备退房	E/D	客人应在当天12点以前退房但现在还未结账退房的房间
未清扫房	VD	没有经过打扫的房间

续表

房态名称	英文简称	房间状态
空净房	VC	已经清扫完毕可以重新出租的房间

4. 账务管理

账务是客人消费情况在 PMS 中的映射，可以通过分账（Routing）操作分为多份子账单（Windows）。账务部门操作与岗位职责如表 2 所示。

表 2　账务部门操作与岗位职责

部门/岗位	职责
分店前厅部	收银员严格按规定要求进行规范操作，对异常及时上报处理。 值班经理按规定要求培训员工，对当班事务实时现场监督及处理，对重大事务及时上报总店处理
分店总经理	督导各员工按规定要求进行规范操作，并实时抽查监督及处理重大事务
集团内控部	协助分店做好规定要求的培训，还应定期进行系统在线审计或亲临现场进行抽样稽查，对存在的问题督导分店整改

5. 接口管理

随着酒店业信息化发展，酒店用到的各种设备越来越多，通过接口实现由 PMS 对外围设备的控制，是提高酒店信息化程度的重要方法。是否具备接口是衡量 PMS 是否先进的关键技术指标，支持接口的多少也代表了 PMS 主要性能的强弱。目前主流的 PMS 普遍可以支持电话交换机、电子门、信用卡设备、POS 收银设备等外围设备。Opera 系统之所以能够被许多品牌酒店企业选择，其丰富的接口是重要原因。目前 Opera 系统能够支持上百种设备。

需要指出的是，尽管拥有最多的接口支持数量，但 Fidelio/Opera 系统在针对中国酒店个性化服务方面落后于国产 PMS。如按照我国法律，客人入住后需要将客人身份证等信息上传至当地公安局，国产软件普遍为公安数据上传制作了专用接口，入住操作后能自动完成公安数据上传操作，降低了员工工作量，而 Fidelio/Opera 则无法支持这一功能。

二、PMS 的发展趋势

1. 从以酒店为中心到以酒店集团为中心

曾经的 PMS 只是酒店业务信息化的一个工具，而今天，酒店集团纷纷制定信息化战略，PMS 只是酒店集团信息化战略的一个节点。例如，万豪集团围绕玛莎（MARSHA）构建集团信息化平台，将全球分销系统（GDS）、电话预订、渠道管理等功能集于一身，实现整个集团的预订、客户管理等功能的整合。国内北京中长石基信息技术有限公司的畅联（CHINAonline）解决方案中，将酒店原有运行在内网上的酒店前台系统（PMS）打开一个接口，通过该接口实现与畅联的数据中心进行点对点连接，并由此实现酒店前台系统（PMS）的数据与全球分销系统（GDS）、互联网分销渠道（IDS）、订房公司呼叫中心（HRC）和差旅管理公司（TMC）等系统数据无缝实时交互，为酒店和酒店分销商建立了一个全球化的、在线的、实时的、精准的交易处理平台，同时，也支持酒店通过 PMS 管理所有渠道，包括自建网站上的直销内容等。在集团化的背景下，我们应当以"集团化、全球化"的眼光来审视 PMS 的发展。

2. PMS 成为软件集成中心

从功能上看，主流 PMS 的核心功能已经基本完善，在核心功能的基础上，主流的 PMS 厂商均进行了深入开发，通过提供一系列高度集成的酒店信息化产品，如前台系统、餐饮系统、人力资源系统、库存系统、信息发布系统、工程管理与能源控制等整合型的软件来为酒店服务。以 Opera 系统为例，它的全名是酒店整体解决方案（Complete Enterprise Software Solutions），除用于前台管理的 Opera PMS 外，还包括销售与宴会系统（Opera Sales&Catering）、收益管理系统（Opera Revenue Management）等模块。这些模块构成了从酒店集团到单体酒店的全套解决方案。

国产软件在集团化方面也有了长足的进步。主流软件商相继推出了集团版本，如西湖软件 X5 版本将工程管理、库存管理、成本分析、总经理决策等模块集成在 PMS 中，华仪也推出了基于 BS 架构的酒店专用供应链系统等。但由于发展时间短等因素，国产软件在系统架构、产品功能等方面还有待进一步完善。

3. 从以业务支持为中心到以决策支持为中心

PMS 发展早期，致力于实现预订、接待、收银、客房管理等日常业务的自动化，目的是为了提高酒店经营效率、提高服务质量。随着产品的发展，PMS 功能也日趋完善，目前主流系统可以准确快捷地完成酒店的日常业务流程。在这样的行业背景下，酒店通过 PMS 积累了大量的酒店经营数据客户数据等。如何在这样的海量数据中获取有用的信息，为酒店经营决策服务已成为当务之急，即"将客户数据转化为客户价值"成为酒店业的共识。

最基本的决策支持就是酒店报表，优秀的 PMS 报表功能由酒店管理专家与计算机专业人员合作开发，种类丰富而且易于使用，能够满足酒店日常经营的需要；而落后的 PMS，其报表只是由计算机专业人员根据自己的理解开发，种类严重不足，而且经常伴随数据错误，给酒店决策带来了障碍。报表功能的强大与否，是 PMS 先进与否的重要标志。

随着数据的积累，更多的新技术被运用到数据处理和分析中，如收益管理系统（Revenue Management System）能依据历史数据、动态出租率等数据将客房价格进行优化，达到提高酒店利润的目的；对竞争对手的分析能将周围酒店的房价、促销等信息进行汇总，为酒店决策提供依据；成本控制系统能对酒店各项产品成本进行动态分析，帮助酒店降低运营成本。随着中国酒店业的发展，国内 PMS 的发展也将进入新的阶段。一方面，星级酒店信息化程度已经有一定的基础，PMS 应用会逐步深入；另一方面，目前我国酒店企业有 30 多万家，星级酒店仅占 5%，信息技术应用和信息化开展主要在星级酒店行业，总体酒店信息化管理水平还很低，所以 PMS 还有很大的发展空间。

4. 未来两大发展方向是平台化、移动化

酒店管理系统的职能正在发生改变。如果以前的 PMS 是入住、收银等管理的核心，那么在互联网时代下，PMS 无疑是正朝着集酒店 IT、数据、运营、连接等服务为一体的综合性平台发展。

一款理想的 PMS 不仅可以为酒店提供常规的管理功能，更能满足酒店对于在线营销、精细化运营、移动管理、数据分析与决策、成本控制、平台直连、物联网对接、供应链管理等多方面的需求，使用者也将不局限于酒店前台、主管，酒店总经理、连老板都能积极参与其中，酒店管理系统软件的使用范围更加广阔，所带来的效益也将得到充分延伸。图 1 所示为最新酒店管理系统架构图。

图 1 最新酒店管理系统架构

PMS 的移动化,是应酒店不同场景服务的转变,根据 PMS 功能的不断延伸,来做出相应的移动化改变。例如,现在的消费者习惯于用支付宝、微信付款,那么酒店就需要提供相关的移动支付服务,而这就是 PMS 所要考虑的。同时,移动化管理与数据查询,契合酒店决策人的实际需求。

5. PMS 将转型到精细化运营、CRM 及在线营销

如果平台化、移动化是将来 PMS 的两大发展方向,那么运营、CRM、在线营销等功能服务的兴起就是 PMS 华丽转身的保障。酒店管理系统的常规管理功能将成为 PMS 的基础部分,运营、CRM、在线营销等服务将使 PMS 的价值得到更大升华。PMS 服务商通过整合资源,给酒店提供经营数据分析、网络点评分析、市场预测等运营服务。

目前市面上 99% 的酒店管理系统缺乏 CRM 运营能力,这将是 PMS 值得深挖的领域之一。在线营销,如何帮助酒店出租更多的客房,又对 PMS 的功能衍生出更高层次的需求。

6. 技术安全与可延展性并存

PMS 平台化与移动化的发展,运营、CRM、在线营销等 PMS 行业所关注的服务热区,都离不开一项关键的因素,那就是技术的发展。目前不少中小型 PMS 厂商还停留在提供传统的前台管理阶段,究其原因,最主要的还是缺乏相应的技术支撑。

传统 CS 架构的 PMS,数据不能实时共享,不能做更多的营销,可延展差;而 BS 架构的 PMS,在断网情况下,完全丧失办理业务的能力,严重影响酒店运营。PMS 的转型,首先在于解决技术挑战的问题。现在不少 PMS 服务商都在往云+安全的方向去思考,如金天鹅云 PMS、住哲云 PMS(图 2)、石基云 PMS(图 3)等,采用的就是安全私有云架构,这也是对云+安全的一种新的诠释。

未来,在"互联网+"的形式下,酒店管理系统到底该具备怎样的功能,才能更好地满足

结语 PMS 的发展展望

酒店需求？或许正如金天鹅软件产品经理毛洪泽先生所说，这取决于酒店用户的实际需求与愿意付出的成本，标准化还是定制化都取决于用户。当 PMS 朝着平台化、移动化方向发展，在精细化运营、CRM、在线营销等方面的服务继续不断丰富，对酒店来说，剩下的事情，就是根据自身实际需求，选择适合的 PMS。

图 2　住哲云 PMS

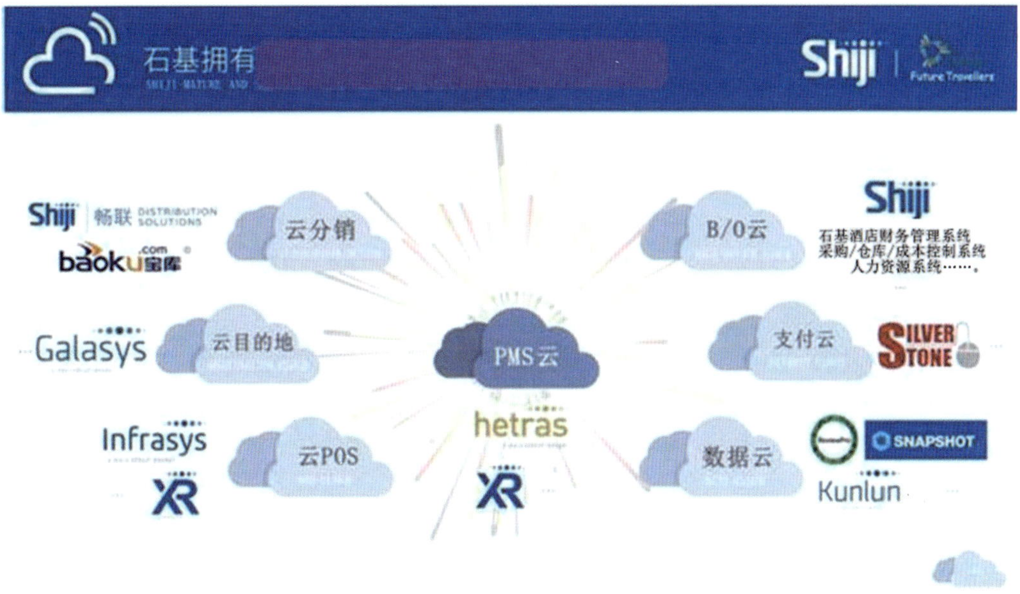

图 3　石基云 PMS

附　录

世界技能大赛
全国选拔赛——"酒店接待"
项目技术工作文件

前厅运营与管理
"1＋X"职业技能等级标准

Fidelio 学习版下载地址

酒店信息管理系统
（Opera）界面主要中英文对照表

《旅游饭店管理信息系统建设规范》
（GB/T 26357—2010）

参 考 文 献

[1] 章勇刚. 饭店信息系统[M]. 武汉：武汉大学出版社，2012.
[2] 陈为新，黄崎，杨荫稚. 酒店管理信息系统教程——Opera 系统应用[M]. 北京：中国旅游出版社，2012.
[3] 许鹏，梁铮. 酒店管理信息系统教程实训手册[M]. 2 版. 北京：中国旅游出版社，2016.
[4] 于世宏，万光玲. 酒店管理信息系统实验实训教程[M]. 广州：广东旅游出版社，2011.
[5] 穆林. 酒店信息系统实务[M]. 上海：上海交通大学出版社，2011.
[6] 张艳玲. 饭店管理实验教程——Micros Fidelio 的运营实践[M]. 北京：清华大学出版社，北京交通大学出版社，2013.
[7] 陈文力. 酒店管理信息系统[M]. 北京：机械工业出版，2012.
[8] 陆均良，沈华玉，朱照君，等. 酒店管理信息系统[M]. 北京：清华大学出版社，2015.
[9] 章勇刚，沙绍举. 酒店管理信息系统——Opera 应用教程[M]. 北京：中国人民大学出版社，2019.
[10] 李宏，张胜男. 酒店管理信息系统（PMS）Sinfonia 实训手册[M]. 北京：电子工业出版社，2021.